在博物馆里富养孩子

张君升　蒙　刚　著

大汉雄风

陕西新华出版传媒集团
陕西科学技术出版社
Shaanxi Science and Technology Press

图书在版编目（CIP）数据

在博物馆里富养孩子. 大汉雄风 / 张君升, 蒙刚著. — 西安：陕西科学技术出版社, 2023.1

ISBN 978-7-5369-8477-6

Ⅰ. ①在… Ⅱ. ①张… ②蒙… Ⅲ. ①历史文物－中国－汉代－少儿读物 Ⅳ. ①K87-49

中国版本图书馆CIP数据核字(2022)第104095号

在博物馆里富养孩子 大汉雄风

ZAI BOWUGUAN LI FUYANG HAIZI DAHAN XIONGFENG

张君升 蒙 刚 著

责任编辑 张 戬 焦 洁
绘　　画 李乾鑫 姚 勇 袁仁贵
摄　　影 高鹏程 高 朝 王竹宝
封面设计 萌豆文化
审　　稿 辛建军 张宁博 高 娟 纪文波

出 版 者 陕西新华出版传媒集团 陕西科学技术出版社
西安市曲江新区登高路1388号陕西新华出版传媒产业大厦B座
电话（029）81205187 传真（029）81205155 邮编 710061
http://www.snstp.com
发 行 者 陕西新华出版传媒集团 陕西科学技术出版社
电话（029）81205180 81206809
印　　刷 西安五星印刷有限公司
规　　格 787mm × 1092mm 16开本
印　　张 14
字　　数 261千字
版　　次 2023年1月第 1 版
2023年1月第 1 次印刷
书　　号 ISBN 978-7-5369-8477-6
定　　价 118.00元

作者简介

张君升

副教授

中国职业技术教育学会

智慧旅游职业教育专委会副秘书长

国家文化与旅游部中高级导游考试命题专家，全国高等院校导游服务技能大赛赛项裁判，渭南技师学院党委副书记、院长，国际金钥匙学院荣誉董事、西安分院院长，陕西省导游大赛评委，陕西省导游资格考试评委、口试考官，陕西旅游饭店协会副会长，陕西省教育学会书法教育专委会副会长，陕西省“职教名师”，陕西省“教书育人楷模”，曾荣获国家级教学成果二等奖。主编《西安实用导游》《陕西导游词》《趣闻陕西》《乐游曲江》《导游知识专题》等30余部文旅方面的著作。

蒙　刚

陕西青年网主编

中共党员，大学历史教育学专业毕业，曾担任历史学科教师，讲课深入浅出，深受学生好评，荣获多次奖励。曾任北京东方园林文旅项目总监，负责文化项目研判。个人事迹先后被《中国旅游报》《中国网》等多家媒体专题报道。2020年，签约入驻高建群艺术社区。

中华优秀传统文化是中华文明的智慧结晶和精华所在，是中华民族的根和魂，是我们在世界文化激荡中站稳脚跟的根基。

——2022年5月27日，习近平在中共中央政治局第三十九次集体学习时的讲话

序

南长森教授送来张君升和蒙刚先生编写的《在博物馆里富养孩子》，让我为这套书作个序。我看完书稿，觉得此书融知识性和趣味性于一体，图文并茂，通俗易懂，是适合青少年阅读的好书。

青少年时代是“三观”形成的重要阶段。让青少年学习优秀的历史文化，有助于他们形成正确的人生观、价值观和世界观。中国是世界四大文明古国之一，在5000多年漫长的历史岁月中，留下了许多文物古迹。其中不少文物被珍藏在博物馆中，是中国优秀传统文化的历史见证。目前我国备案的博物馆已近6000家。这些博物馆大体可以分为自然博物馆和人文博物馆两大类别，都具有公益的性质和展示的功能，都可以实现教育推广的目标。

博物馆是弘扬人文精神的重要阵地，特别是历史类型的博物馆，在传播历史文化和体现人文精神方面更是具有得天独厚的条件。比如秦始皇陵兵马俑博物馆收藏着秦代庞大的“地下军团”，是了解秦代军事和秦代社会生活的重要场所，被誉为“世界第八大奇迹”。这些兵马俑不仅是珍贵的艺术品，而且是珍贵的历史资料，包含着极为丰富的人文因素。又如，陕西历史博物馆收藏有170多万件重要文物。这些文物涉及社会生活的许多方面，是我们的祖先在漫长的历史岁月中创造出来的文化财富。从表面上看，这些文物都是物化的东西，但实际上，它体现了当时的社会文明、体现了我们祖先的创新意识和创造能力，人文意蕴是非常浓厚的。再如，碑林博物馆藏有历代碑志2000余通，还有大量的造像石刻，是闻名中外的金石学宝库。昭陵博物馆和乾陵博物馆也收藏着数量可观的碑石。这些金石资料中也包含着极为丰富的人文因素。认真保护博物馆的藏品，对这些藏品进行分类研究，从各类文物中发掘出最具人文色彩的素材，并用科学的方法把它们展示出来，自然可以使广大观众从这些文物中感受到强烈的人文气息。

博物馆也是重要的爱国主义教育重要基地。爱国主义是一个永恒的话题。在新的历史时期，国际形势复杂多变，国际竞争异常激烈。在这种情况下，宣传爱国主义、弘扬爱国精神，对于增强民族自尊心和民族凝聚力具有重要意义。博物馆中保存了丰富的爱国主义素材，这些素材是文献资料所无法替代的。除中国革命博物馆中陈列的革命先烈抛头颅、洒热血、前赴后继闹革命的物证以外，其他博物馆也珍藏着许多爱国主义教育的内容。比如，半坡博物馆有6000年前的村落遗址以及遗址中出土的彩陶；宝鸡青铜器博物院有种类繁多的商周青铜器；秦始皇陵兵马俑博物馆有气势磅礴的地下军团；阳陵博物馆有栩栩如生的汉兵马俑；茂陵博物馆有古朴豪放的大型石刻；汉台博物馆有价值连城的石门十三品；乾陵博物馆有光彩夺目的壁画；法门寺博物馆有精美绝伦的金银器；耀州窑博物馆有名闻遐迩的瓷器；碑林博物馆有千姿百态的造像和内容丰富的书法作品；咸阳博物馆、延安革命纪念馆和陕西历史博物馆也有大量的珍贵文物。这些文物或展现先民生产、生活的场景，或展现商周时代发达的青铜文化，或展现蓬勃向上的秦汉雄风，或展现开放、繁荣的唐代文明，都是中华民族奋发图强的历史见证，凝聚着中华民族的创造力和向心力，可以激发人们热爱祖国的思想感情。可以说博物馆具有强大的社会功能，它不仅是获取知识、启迪智慧的殿堂，而且是进行爱国主义教育的阵地。

然而，对于大多数青少年而言，能够参观博物馆的机会毕竟是有限的。他们要上学，没有时间到全国各地的博物馆参观学习。习近平总书记在参观西安博物院时发表重要讲话，要求“让文物活起来”，实际上就是优化文物的展示方式，让进入博物馆的人更好地了解文物，让无法进入博物馆的人也能对文物有所了解。张君升先生和蒙刚先生对博物馆的社会功能和青少年的实际情况都有充分的认识，因而专门编写了这套《在博物馆里富养孩子》。全书按照周秦汉唐的时代顺序，分为《周礼天下》《秦皇帝国》《大汉雄风》《盛唐气度》四册，以博物馆里的珍贵文物为主要对象，展示了周秦汉唐时代的历史风貌和社会文明。其目的就是要让广大青少年足不出户，认识收藏在各地博物馆中的珍贵文物，感悟博大精深的传统文化。

在这套书中，作者首先介绍了中国百年考古历史和不一样的陕西。在此基础上，以通俗的文字和配图描述了周秦汉唐社会发展演变的基本线索，进而选择具有典型性的精美文物，展示文物图片，注明文物的名称、用途、出土地点和馆藏地点，通过“文物解密”“史料知库”“超级点评”等版块对该文物进行简明扼要的介绍，或通过“米朵”“俊俊”“晨晨”“记者”等虚拟人物与相关文物或人物的对话，生动形象地对所选文物或文化现象进行解读，从而在一定程度上使文物“活”了起来，使青少年可以在轻松愉快的气氛中了解历史、认识文物，学习中国优秀的传统文化，感悟灿烂的中国文明。这套书的优点是既有科学，又有知识性和趣味性，是作者献给青少年的文化盛宴。用中国优秀的历史文化来给孩子补充营养，肯定会收到良好的效益。当然，家长阅读这套书，对提升自己的人文素养也是有好处的。

陕西师范大学历史文化学院教授

博士生导师　　王双怀

央视“百家讲坛”主讲人

2022年中秋节 作于觅道斋

为什么要学历史

“有输入，才会有输出”
纵观历史，许多名人贤士开口便引经据典、滔滔不绝
写作时文思泉涌、妙笔生花

学习历史可以使我们积累更多的知识与智慧
大脑就像一个储存知识的蓄水池
水位只增不减，且终生受益

“历史”不仅是一面镜子、一个榜样、一种警示
还是无穷智慧的来源与总结
“知史明智，行以致远”
畅游过历史的孩子
有见识、有思想、有智慧、有格局、有责任、有担当

在生活、学习、工作过程中少走弯路
在历史长河中找到榜样，发现优秀而伟大的精神
从而
精神更富有、格局更广大、毅力更坚强、心胸更开阔、生命更宽广
在人生的道路上奋勇前行

坚持“站在当时看当时”的原则
融入当时的历史环境中看历史、分析历史
锻炼孩子的思辨能力，打开孩子智慧的宝库
最终让知识为我们所用

CONTENTS

目录

第一章　一路走来 汉邦九州

第二章　文物里的大汉

一

汉邦

一路走来

九州

“大丈夫当如是也”

当刘邦看到秦始皇出行的队伍时惊叹道

在秦末农民战争中，刘邦获胜，定都长安，建立汉朝

中国历史从此翻开了新的一页

大汉王朝

建 立 者 刘邦

时　　间 西汉 公元前202年～公元8年

东汉 25～220年

国　　都 长安

历经帝王 29位皇帝

政治制度 三公九卿制、郡国并行制等

国　　祚 405年

成　　就 “文景之治”“击败匈奴”“光武中兴”

历史影响

1.汉朝是继秦王朝之后的大一统王朝，是当时世界上最强大的国家之一。自汉朝建立之后，华夏民族被称为“汉族”。

2.张骞两次出使西域打通了与中亚和欧洲之间的联系，为东西方文明交流奠定了基础。

3.汉武帝罢黜百家，独尊儒术，儒学成为中国几千年的正统思想，在京师长安设太学，东汉光武帝时期有三万多学生。

4.作家余秋雨先生曾说：“我是汉族，我讲汉语，我写汉字，这是因为我们曾经有过一个伟大的王朝——汉朝。”

大丈夫当如是也

公元前256年，刘邦在沛县（今江苏省徐州市丰县）出生
长大后的刘邦不爱下地劳动，常被父亲训斥
公元前223年，秦国灭楚，刘邦成为泗水的亭长

一次，刘邦在送服役的人去咸阳的路上
看到秦始皇出巡壮观威风的队伍，惊叹道：
“嗟乎，大丈夫当如是也”

吕公（吕雉父亲）与人结怨，迁居沛县
因吕公与沛县县令关系甚好，众人前去庆贺
“我出贺钱一万。”刘邦说道
吕公亲自相迎，并请他入上席就坐，察觉到刘邦不凡
遂将女儿吕雉（汉朝第一个皇后）嫁给刘邦

公元前209年，秦末农民起义爆发
陈胜、吴广率领起义军攻占陈县后，建立了“张楚”政权
刘邦也在家乡率军起义，被称作“沛公”

刘邦队伍逐渐壮大，与项羽一同反秦
刘邦首先攻入咸阳，本想以“关中王”自居，听从建议后退到灞上
并约法三章
“杀人者死，伤人及盗抵罪，废除秦法”

鸿门宴之后，刘邦被项羽封为汉王
以南郑（今陕西省汉中市地区）为中心，领地为巴、蜀和汉中共41县
刘邦大怒，欲出兵攻打项羽
经过萧何等人晓以利害的劝阻，才极不情愿地前往封地

萧何月下追韩信

少年韩信历经苦难
曾遭受胯下之辱，也曾受人饭食相赠

韩信满怀理想投到项羽军中，却只是一个执戟郎
韩信苦闷，改投刘邦，仍未得到重用，故决心离开
萧何得知韩信离开，急忙骑马去追
正当此时，河水猛涨，挡住了韩信的去路
萧何追上韩信，将其劝回

在萧何的举荐下
刘邦登坛拜将，封韩信为大将军
韩信带领汉军“明修栈（zhàn）道，暗度陈仓”，击败章邯
进入关中，打败项羽，辅佐刘邦
建立了大汉基业
留下了“不是寒溪一夜涨，焉得汉室四百年”的千古名句

明修栈道 暗度陈仓

反秦起义胜利后
项羽分封各路起义将领
为了防止刘邦发展壮大，对自己构成威胁
项羽特意将刘邦分封到以南郑为中心的巴、蜀和汉中三个郡
封为“汉中王”

刘邦率军极不情愿地前往南郑
途中听从张良的建议，烧掉了沿途所有栈道
以此迷惑项羽
自己不与其争天下
从而使项羽放松对自己的防备
而未得到封赏的田荣在齐地起兵造反

刘邦派韩信率军夺取关中
为了迷惑章邯，韩信让士兵修复栈道
自己悄悄领兵从陈仓道进攻关中，打败章邯、项羽
刘邦再次进入关中，建立大汉王朝

史料知库

1.明修栈道的意思是将真实的意图隐藏起来，用明显的行动迷惑对方，使敌人产生错觉，从而出奇制胜。

2.“栈道”是指在悬崖峭壁险要的地方凿孔支架、铺上木板而建成的通道，可以行军、运输粮草辎（zī）重（军队所需的军用物资和生活物资），也可供马帮商旅通行。

3.陈仓，古代县名（今陕西省宝鸡市陈仓区），是汉中通向关中的咽喉要道。

汉初三杰 谋定天下

大汉王朝建立之后
刘邦曾问大臣“吾何以得天下”
众人趋炎附势，无人答对

刘邦说
“我之所以有今天，得力于三个人
运筹帷幄之中，决胜千里之外，吾不如张良
镇守国家，安抚百姓，供给军粮，吾不如萧何
率百万之众，战必胜，攻必取，吾不如韩信
三位皆为人杰，吾能用之
此吾所以取天下者也”

在此三人中
张良第一，萧何居中，韩信居末
这也构成了历代封建社会基本的用人模式
即战略家、政治家、战术家

史料知库

张良奇遇高人（节选）

原文：良尝闲从容步游下邳圯上，有一老父，衣褐，至良所，直堕其履圯下，顾谓良曰：“孺子！下取履（鞋子）！”良愕然，欲殴之。为其老，强忍，下取履。父曰：“履我！”良业为取履，因长跪履之。父以足受，笑而去。后父出一编书，曰：“读此则为王者师矣。后十年兴。十三年，孺子见我，济北谷城山下黄石即我矣。”遂去，无他言，不复见。旦日视其书，乃《太公兵法》也。良因异之，常习诵读之。

汉承秦制 三公九卿

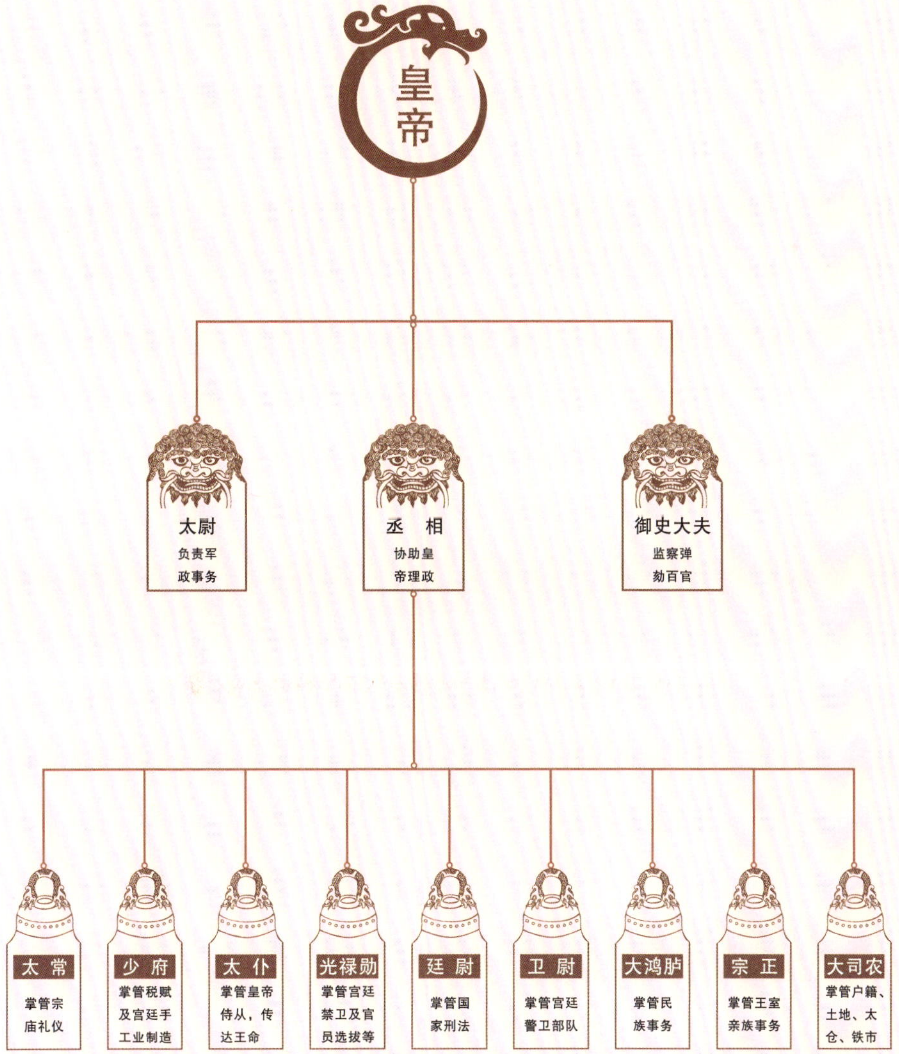

备注：此为汉景帝刘启时期机构设置，后来机构职能略有变化。

商山四皓 隐士高人

秦末汉初
在商山（今陕西省商洛市）隐居着4位80多岁信奉黄老之学的博士
分别是东园公唐秉、夏黄公崔广、绮里季吴实和甪（lù）里先生周术
他们是秦始皇时期70名博士官中的4位
通晓古今，学识渊博，眉皓发白，因此被称为“商山四皓”

刘邦曾想请“四皓”出山为官，被拒
后来，刘邦想废掉懦弱平庸的太子刘盈
立戚夫人的儿子刘如意为太子
吕后听闻，非常着急，请来吕释、张良商议对策

太子刘盈按照张良的建议写了一封言辞谦恭的书信
配备了舒适的车辆恳请“四皓”下山
“四皓”最终答应下山辅佐太子

一次宴会中
刘邦看到自己都未请到的“四皓”跟随在太子身旁
最终打消了更换太子的念头，刘盈的太子地位得以保全
刘盈继位后朝政大权旁落吕后手中，“四皓”叹息，重归山林隐居

史料知库

《题商山四皓庙》

吕氏强梁嗣子柔，我于天性岂恩仇。
南军不袒左边袖，四老安刘是灭刘。

唐代杜牧这首诗意为，吕后拥兵谋乱的根源是汉惠帝刘盈的柔弱，如果大汉王朝改姓吕，四皓则为罪人。

《商山四皓图》/元·佚名/故宫博物院藏

一饭之恩 千金相报

司马迁在《史记·淮阴侯列传》中记载：
“信钓于城下，诸母漂，有一母见信饥，饭信，竟漂数十日”
“信至国，吾所从食漂母，赐千金”

起初，韩信家境贫苦，经常食不果腹
有一次，韩信准备钓鱼而食，然而一条鱼也未钓到
河边洗衣的大娘见韩信可怜，送食物给他吃
韩信感激地说：
“我以后成功了，一定要好好地报答您”
老人说：
“年轻人好好努力，我这么做，不是为了让你回报我”

韩信经萧何力荐成为大将军，战功赫赫
被封为齐王后
他时常想起在最困难时帮助自己的老人
于是来到老人家里赠一千两黄金
以谢当年之恩

史料知库

成也萧何，败也萧何

韩信经萧何推荐成为大将军，为大汉王朝屡立奇功。天下大定，韩信兵权被收，整日苦闷。韩信与钜鹿郡守陈豨交往甚密，陈豨谋反被杀，吕后欲除韩信，问计萧何。吕后与萧何共谋，将韩信骗至长乐宫，将其杀害。韩信能建功立业得力于萧何，最终也死于萧何的计谋，这就是“成也萧何，败也萧何”。后来用这个成语形容一件事情的好坏与成败都是由同一个人造成的。

舍命护《书》 经典永续

《尚书》最早名为《书》，是最早的一部追述上古时期历史文献、事迹著作的汇编，是儒家核心经典之一，被称为“政书之祖，史书之源”。汉代始称《尚书》，意为上古帝王之书。王充《论衡·正说篇》记载：“尚书者，上古帝王之书，或以为上所为，下所书，故谓之《尚书》。”

《尚书》记录了虞、夏、商、周历代天子的言行，由《虞书》《夏书》《商书》《周书》组成。是了解商周时期，特别是西周初期的重要史料。文体分为“诰、命、誓、训、典、谟”等形式，其中“诰”是君对臣的讲话，“命”是天子的命令，“誓”是天子训诫士众的誓词，“训”是大臣劝谏、提醒天子的话，“典”是重要史实或专题史实的记载，“谟”是大臣就重大国事向帝王献出的谋略。

秦及楚汉时期，大量典籍遭到焚毁，化为灰烬。秦博士伏生（本名伏胜）用车载典籍，出咸阳回山东。路途中遭遇乱兵，伏生之子为保护书简而丧命；又遇灾民饥寒，欲焚典籍取暖，伏妻誓死力拒书简方才得以保全。伏生历经艰辛回到老家后，将《尚书》藏于古宅墙内。西汉建立，天下初定，伏生回家取书，不幸的是大部分已经朽坏，只幸存《尚书》28篇，称为《今文尚书》。汉武帝时，鲁恭王刘馀拆孔子故宅一段墙壁时，发现了一部用先秦时期六国字体写成的书，称为《古文尚书》。这是典故“鲁壁藏书”的由来。

西晋永嘉之乱以后，《尚书》古、今两个版本都遗失了。东晋时期，豫章内史梅赜（zé）献孔子后人孔安国所注的古文《尚书》25篇和《今文尚书》33篇，共计58篇。

唐文宗李昂开成二年（837年），将《尚书》在内的12部儒家经典刻于青石之上，称为《开成石经》，立于唐长安城的国子监内，成为读书人抄录、学习、校对的版本。历经千年变迁，《开成石经》现珍藏于西安碑林博物馆。

《伏生授经图》

汉乐府诗 始创新风

秦时开始设置乐府
是由少府管辖的乐舞演唱教习的机构
公元前112年，汉乐府正式成立
负责采集民间歌谣或文人的诗，配以音乐
在宴会、祭祀时演奏，这些诗歌称为“乐府诗”

乐府诗继承了《诗经》的现实主义传统
开创了古代诗歌现实主义的新风
成为《诗经》之后，古代民歌的又一次大汇集
代表作有《长歌行》《陌上桑》和《孔雀东南飞》等
汉代《孔雀东南飞》与北朝《木兰诗》和唐代韦庄的《秦妇吟》
并称“乐府三绝”

“叙事性”是乐府诗的一大特色
通过对话、表情表现人物性格
汉乐府标志着叙事诗进入了成熟的发展阶段

长歌行

青青园中葵，朝露待日晞。
阳春布德泽，万物生光辉。
常恐秋节至，焜黄华叶衰。
百川东到海，何时复西归？
少壮不努力，老大徒伤悲。

《长歌行》是一首劝诫世人珍惜时光、努力奋进的诗歌。以朝露易干、秋到叶落、百川东去的自然现象，提醒人们时光短暂易逝，勉励世人及时奋进，有所作为。

精彩互动

1.下面哪个历史典故能够反映刘邦从汉中进入关中？

A.大丈夫当如是也　　B.萧何月下追韩信

C.明修栈道，暗度陈仓　　D.项庄舞剑，意在沛公

2.张良、萧何、韩信协助刘邦建立了大汉王朝，他们各自负责什么，请连线。

张良	萧何	韩信
带兵征战	出谋划策	负责后勤

3.“三公九卿”制度中“三公”的职责是什么，请连线。

丞相	太尉	御史大夫
监察百官	协助天子理政	掌管军队

答案：

1.C

2.张良：出谋划策；萧何：负责后勤；韩信：带兵征战

3.丞相：协助天子理政；太尉：掌管军队；御史大夫：监察百官

二 文物里的大汉

在关中平原中部巍峨的封土之下

长眠着西汉的11位皇帝，周围有皇后、大臣等人的陪葬墓

它们一同讲述着那段波澜壮阔的历史

出土的大量文物是了解汉代历史的真实史料

五星出东方利中国

名　　称：“五星出东方利中国”织锦护膊

用　　途：护臂

出土地点：1995年新疆和田民丰县尼雅遗址

馆藏地点：新疆维吾尔自治区博物馆

护臂是在拉弓射箭时用来保护手臂的
“五星出东方利中国”织锦护膊
讲述着丝绸之路上西域小国曾经的繁华富庶

文物解密

1995年10月，中日尼雅遗址学术考察队
在新疆和田民丰县尼雅遗址中发现了一座合葬墓
其中一个墓主人的右臂上绑着一块色彩鲜艳的长方形织锦
上有八个篆体汉字“五星出东方利中国”
同时还出土了一件“讨南羌”织锦残片
连读为
“五星出东方利中国讨南羌……”

“五星出东方利中国”
出自史学家司马迁的《史记·天官书》
“五星分天之中，积于东方，中国利
积于西方，外国用（兵）者利
五星皆从辰星而聚于一舍，其所舍之国可以法治天下”

在塔克拉玛干的茫茫沙海之中
有一个沉睡了1600年的神秘王国——尼雅古国

护膊效果图

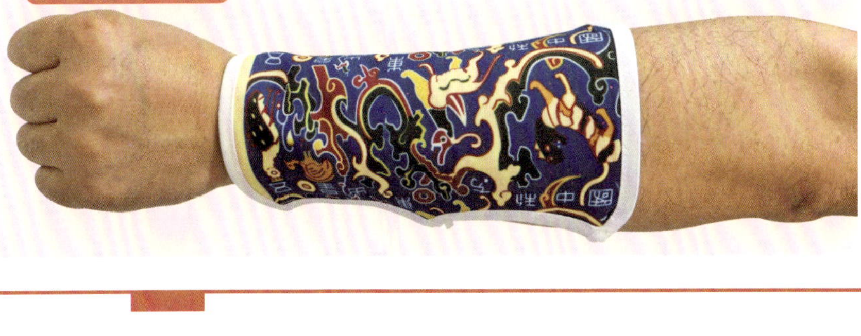

史称“精绝”
这块“五星出东方利中国”的织锦护膊
讲述着丝路上曾经的繁华富庶

这位45岁左右的中年男子下葬时
身穿白绢套头长衫，内衬裤子，外穿长袍
服饰边缘用各式锦缎进行装饰，上有吉语“延年益寿长葆子孙”
头下枕着吉语“安乐如意长寿无极”的长方形红枕
右臂上有一件用织锦做成的“五星出东方利中国”护臂
旁边放着木叉、弓、箭、弓袋、箭袋等

“五星出东方利中国”锦为平纹经锦
由五重经线和一组纬线构成
每平方厘米上经线能够达到220根之多，而纬线只有24根
汉朝的织锦工艺成熟、发达
这些织锦为研究织锦工艺及丝路文明提供了真实的资料

护膊示意图

“蜀锦”指蜀地生产的丝织提花织锦，色彩鲜艳、工艺精美，是中国“四大名锦”之一。

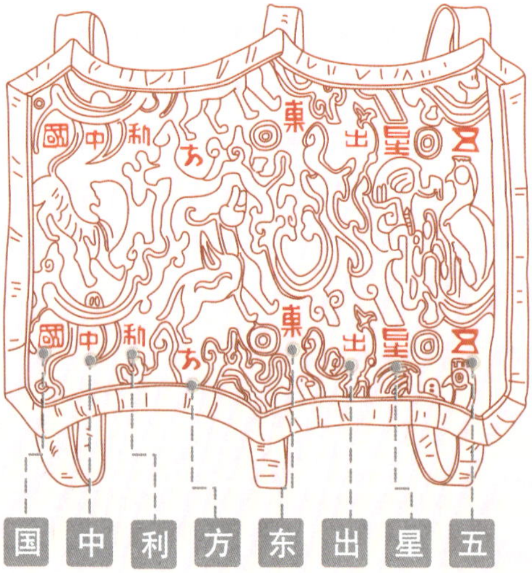

司马迁档案

基本信息

姓　　名 司马迁

籍　　贯 今陕西韩城人

生卒年月 公元前145～约前90年

职　　业 史官

成　　就 著成了我国第一部纪传体通史《史记》

经　历

1.10岁时到长安学习。

2.20岁时开始游历各地，观看古迹，了解风土人情。

3.37岁时继承父职，担任“太史令”，整理皇家藏书资料，续写《史记》。

4.48岁时因“李陵事件”遭受宫刑，忍辱著史。

5.50岁时著成《史记》，光耀千年。

评　价

1.鲁迅先生曾评价《史记》为：“史家之绝唱，无韵之离骚”。

2.《史记》不仅是一部历史著作，也是一部文学作品，还是一部古代百科全书。

影响

《史记》注重把历史人物放在历史环境中去记述，通过人物对事情是非功过的评判体现历史的兴衰沉浮，这种笔法堪称两汉文苑中的魁首，深刻地影响着后世的文风。

在《史记》的影响下，班彪开始写《史记后传》60余篇，未成而逝。儿子班固秉承父志，继续撰写，历时20余年，写成史书，共120卷。这是一部断代史，记录了西汉时期重要的历史，书名为《汉书》。

在中国史学史上，班氏是继司马氏之后的史学世家，司马迁与班固被称为“班马”。正是这两大家族使中国的历史连绵数千年不曾中断。

史料知库

司马迁，西汉著名的历史学家，以“究天人之际，通古今之变，成一家之言”著成《史记》，包括《本纪》《表》《书》《世家》《列传》五大部分共130篇，52万多字，内容十分全面丰富，为中华民族留下了一份宝贵的精神财富。

《史记》从时间上来说，上自传说中的五帝，历经夏、商、周、秦，再到西汉中期，时间长达3000年之久。

从范围上说，除写了众多的历史人物和历史事件之外，还写了礼制、经济、地理、天文、历法等，既反映了中原地区的发展情况，也展现了少数民族的民俗风貌。

大汉·陶器

“秦砖汉瓦”是中华文明宝库中一颗耀眼的明珠

汉代的瓦当

以独特的造型、优美的文字及精美的纹饰著称于世

其中以文字瓦当居多

上有“长乐未央”“延年益寿”“日月同光”等吉语

一块小小的瓦当

不仅是保护椽头的建筑材料，也是记录中华文明的载体

具有极高的文化研究、艺术欣赏及收藏价值

滴水瓦当 千年匠心

名　　称：汉并天下瓦当

用　　途：建筑材料

出土地点：陕西省西安市未央区

馆藏地点：陕西历史博物馆

瓦当是古代建筑中筒瓦顶端下垂的部分
保护房屋椽头不被雨水侵蚀，集工艺美、浮雕美和书法美于一体
秦汉瓦当是中华文明宝库中一颗璀璨的明珠

文物解密

瓦当多为素面半圆形
中国最早的瓦当
发现于陕西省扶风县和岐山县周原遗址

汉朝是瓦当发展的鼎盛时期
题材丰富，纹饰精美，寓意美好
有四神、翼虎、植物、鸟兽、云纹等纹饰瓦当
有“长乐未央”“千秋万岁”“大汉一统”“延年益寿”等吉语瓦当
也有标明建筑物名称与用途的“宫”“冢”瓦当

汉代的瓦当形制多样、数量众多、纹饰精美
工匠们在一片小小的瓦当上创造了独具特色的艺术文化
历经千年，魅力依存

瓦当是极具艺术性、装饰性的建筑构件
是中华民族特有的文化遗产

“一春梦雨常飘瓦，尽日灵风不满旗”
唐代诗人李商隐凝望着被雨滴拍打的屋檐
回想起他内心曾经的记忆

小时候在屋檐下避雨时
瓦片被雨滴拍打地不停，形成檐瀑，溅起一朵又一朵水花
那是一种记忆，更是一缕乡愁

东方青龙

名　　称：青龙瓦当

用　　途：建筑材料

出土地点：陕西省西安市未央区

馆藏地点：西安博物院

南方朱雀

名　　称：朱雀瓦当

用　　途：建筑材料

出土地点：陕西省西安市未央区

馆藏地点：陕西历史博物馆

西方白虎

名　　称：白虎瓦当
用　　途：建筑材料
出土地点：陕西省西安市未央区
馆藏地点：西安博物院

北方玄武

名　　称：玄武瓦当

用　　途：建筑材料

出土地点：陕西省西安市未央区

馆藏地点：陕西历史博物馆

宫

冢

与天无极

千秋万岁　与天无极

结构示意图

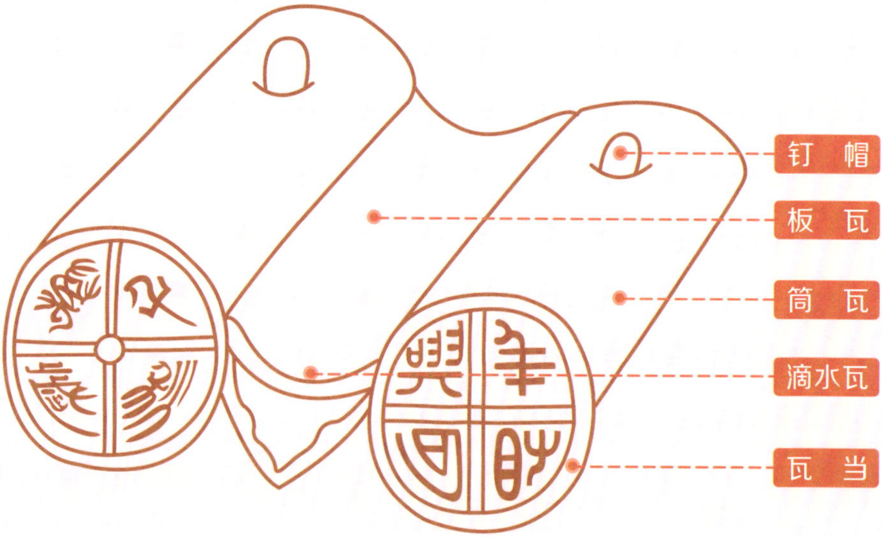

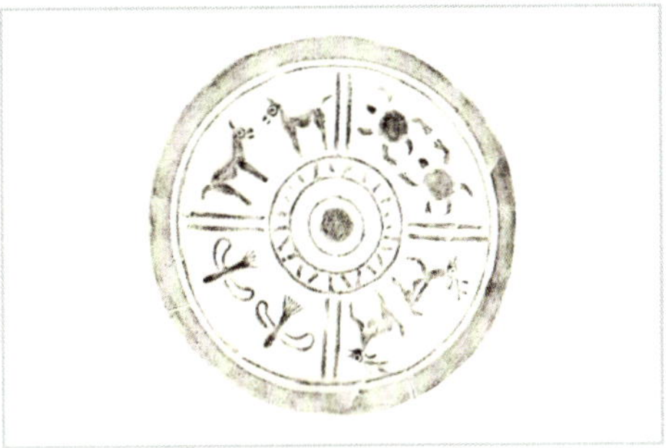

鹿龟纹

鹿　纹

龙虎蟾蜍纹

狗鱼纹

鹿　纹

虎　纹

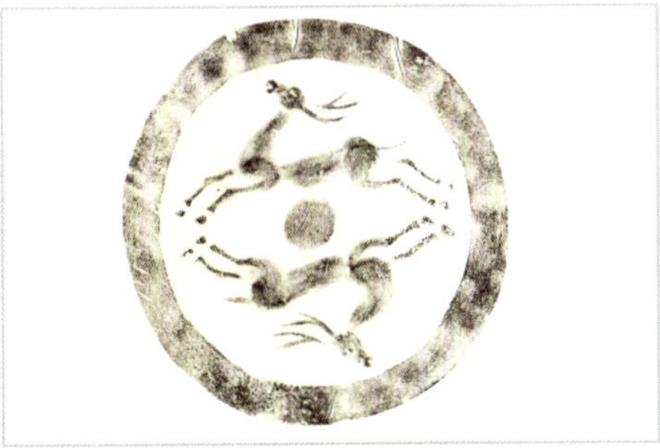

鹿　纹

凤鸟纹

甲天下

思无邪

延 年

富贵昌宜

千秋万岁 世宜公卿

唯天降灵 延元万年 天下康宁

单于和亲

万物皆数 交叉寓序

吉语汉砖　艺术经典

同　日　相　与　益　延
光　月　侍　天　寿　年

名　　称：十二字吉语汉砖

用　　途：建筑材料

出土地点：陕西省西安市未央区

馆藏地点：陕西历史博物馆

汉砖是一种建筑材料
刻有吉祥的文字、图案，表现了人们对美好生活的向往
为了解历史及书法文化提供了实物资料

文物解密

汉砖上的浮雕图像生动活泼、线条流畅，文字寓意吉祥，成为当时重要的文化载体之一。考古资料证实，汉砖大概有吉语类、图案纹饰类、纪年类和记事类4种类型。

1.吉语类：子孙益昌、千秋万岁、长乐未央、宜子孙大吉利、长寿贵、万岁、大吉、宜贵等。

2.图案纹饰类：龙纹、虎纹、凤鸟纹等。

3.纪年类：建初二年、延光三年、永元十一年、永宁元年八月五日、永兴三年闰月甲申朔廿四等。

4.记事类：永和五年造作、竭力无余、用庸数千、士夫莫不相助等。

汉砖

龙纹空心砖

白虎空心砖

玄武空心砖

地下军团 待令而动

名　　称：指挥俑

用　　途：陪葬

出土地点：1965年陕西省咸阳市杨家湾

馆藏地点：咸阳博物院

汉兵马俑只有真人身高的三分之一左右
以范制成，形象基本一致，意在表现“事死如事生”的理念

文物解密

汉代兵马俑目前有4处大发现
这些兵马俑虽然没有秦兵马俑比例协调、生动写实
依然尽显大汉军队的神武威严

1965年8月在陕西省咸阳市杨家湾汉高祖刘邦的长陵
出土了红、绿、紫、白四种颜色彩绘兵马俑3000多件
其中有骑兵、步兵、指挥车等，但没有战车

1995年在汉景帝的阳陵出土了大量陶俑分为着衣式和塑衣式两大类
着衣陶俑最初装有木制手臂，穿着彩色衣服
虽已经腐化，但历经千年岁月依然尽显汉俑最初的风采

徐州狮子山与山东危山汉墓也发现了大量汉代兵马俑
这些为研究汉朝的政治、军事、丧葬等文化提供了真实的资料

汉兵马俑

穿地凿井 饮水思源

名　　称：水井

用　　途：取水

馆藏地点：陕西历史博物馆

凿井取水
是中华民族开发利用地下水资源的重要途径
一口水井，流淌着永汲不竭的生命之源

文物解密

在汉代的墓葬里发现了大量水井
井上有井绳、井架、辘轳（lùlu）等取水设备
使用这种简单的滑轮装置，就能轻松地从井中打出水来

浙江省余姚市河姆渡古文化遗址水井是目前发现最早的水井
距今约5700年
井深1.35米，边长2米
为了防止水井内壁倒塌
古人在水井内壁设置排桩，并用榫卯连为一体
在水井周围6米范围内发现了28根栅栏桩
据推测当时井上建有亭子，以便保护水源、获取更干净的水
河南省安阳市汤阴县白营遗址发现了一口木结构水井
这是中原地区发现最早、建构最完整的水井

江河中的“地表水”
是人类早期获取水资源的方式
然而地表水主要依赖于天然的降水
在干旱之时，河湖干涸
人类就会出现用水困难，严重时还要逐水迁徙
这种迁徙对于生活及社会发展极为不利

人类经过不断探索，发现在平地凿井可以获得水
地下水更干净、获取更方便
由此，人类的居住方式和生活方式发生了重大变化

小转动 大文明

名　　称：磨盘

用　　途：磨碎谷物

馆藏地点：陕西历史博物馆

磨盘

可以将原粮麦子、大豆类等粮食加工成粉末

这是人类饮食史上的重要发明，具有里程碑意义

文物解密

磨盘出现以前

人们只能吃原粮（将谷物去皮后直接蒸煮）

磨盘出现以后，将谷物磨碎成粉

可以做成更加精细易消化、更营养的食物

从原粮到面粉是人类饮食进步的重要标志

改变了人们的饮食习惯，极大地提高了人们的体质

在没有磨盘之前，人们只能食用麦仁

磨盘出现以后，人们可以将小麦磨成面粉

从此，中国人的面食做法迈进一个全新的世界

石磨盘、石磨棒

新石器时代 / 石磨盘、石磨棒 / 郑州博物馆藏

萌态滑稽 嬉笑颜开

名　　称：击鼓说唱俑

用　　途：随葬

出土地点：1957年四川省成都市天回山

馆藏地点：中国国家博物馆

俳优（pái yōu）是指从事滑稽杂耍的艺人
常随主人左右，即兴表演
以滑稽的方式博得主人的开心

文物解密

东汉击鼓说唱陶俑被称为“汉代第一俑”，高56厘米，以泥质灰陶制成，头上戴帻（zé），额前有花饰，两肩高耸，赤足，袒胸露腹，左手抱扁鼓，右手举槌准备敲击，生动传神地再现了俳优说唱的形象。

汉武帝特别喜欢俳优，“俳优侏儒（zhū rú）之笑，不乏于前。”俳优成为宫廷宴会上的灵魂人物，助兴起哄。他们以滑稽的表演、幽默风趣的言语博取宾客的欢笑，皇室贵族、豪富大吏大都蓄养俳优。汉代画像石中经常可以看到上身赤裸、表情丰富、动作滑稽，正在表演的俳优。

俳优俑

西汉 / 俳优俑 / 陕西历史博物馆藏

跽坐女俑／坠马髻发式

精彩互动

1.汉代四神纹瓦当中的四神指的是什么？

A.蟒蛇、青龙、朱雀、白虎

B.青龙、仙鹤、朱雀、玄武

C.青龙、白虎、朱雀、玄武

D.白虎、青龙、乌龟、仙鹤

2.水井的出现，对人类的生产和生活有什么意义？

A.人类的居住范围扩大了，不再是逐水而居。

B.井水比河流之水更干净，对于人的身体健康更为有利。

C.能够更有效地躲避洪水的侵害，拓展了更大的生存发展空间。

D.能吃到冰镇的食物。

3.“背井离乡”是一种无奈，更是一种乡愁。与思念故乡有关的诗句有哪些？

A.春风又绿江南岸，明月何时照我还。

B.独在异乡为异客，每逢佳节倍思亲。

C.愿君多采撷（xié），此物最相思。

D.海上生明月，天涯共此时。

4.磨盘的出现有什么重要意义？

A.可以将谷物磨成粉，使人们吃到更加精细的食物。

B.改变了人们的饮食习惯。

C.吃了精细的食物，更容易被人体吸收，提高了人们的身体素质。

D.可以转动，好玩。

答案：1.C　2.ABCD　3.B　4.ABC

大汉·玉器

汉武帝采纳了董仲舒“罢黜百家，独尊儒术”的建议
在儒家思想中
常将君子的人品与玉进行对比，有“君子比德于玉”的说法
“君子无故，玉不去身”，时刻提醒人们注意自己的品行
极大地促进了汉代玉器的繁荣发展

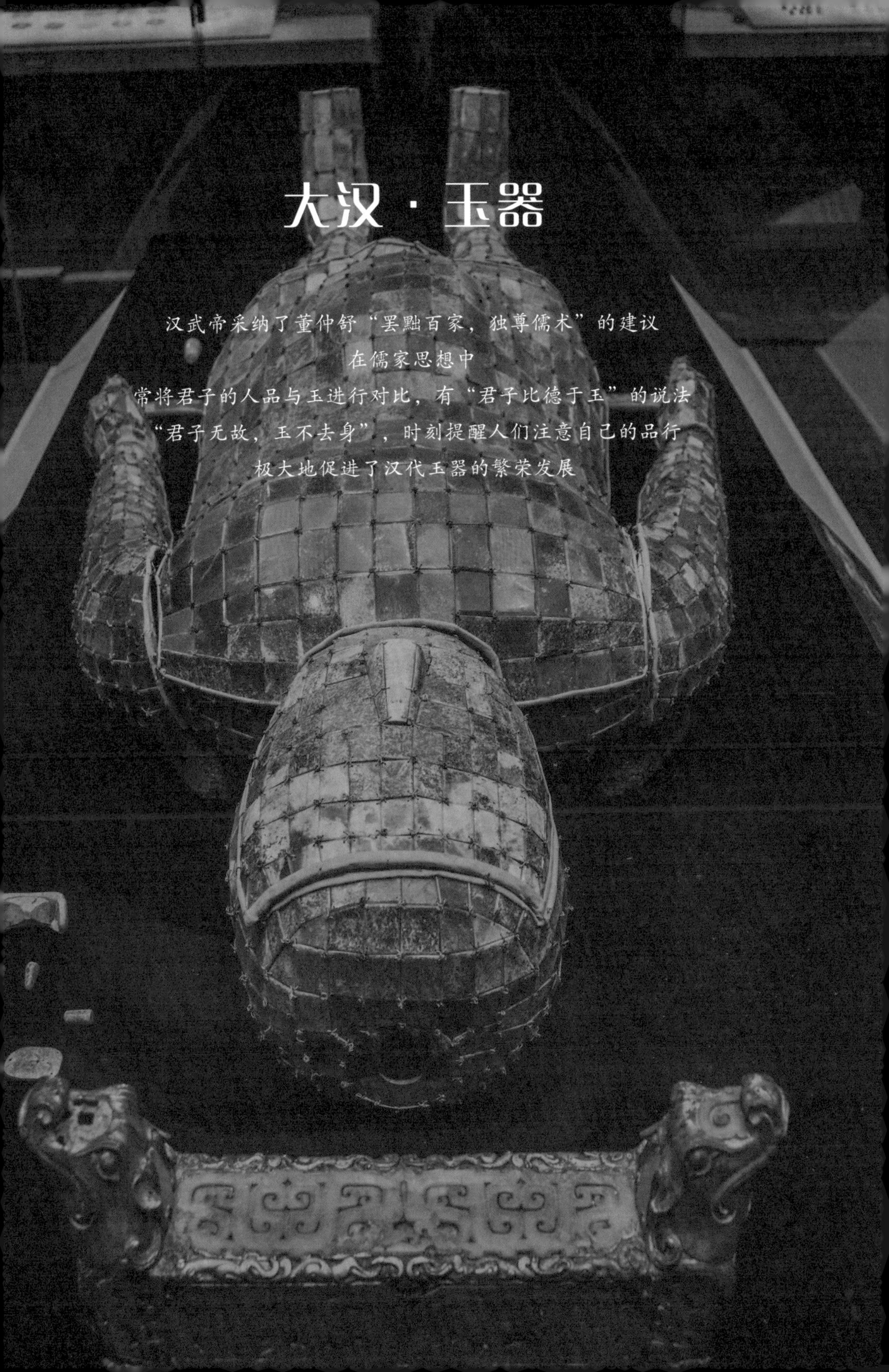

捡来的国宝

名　　称：皇后之玺

用　　途：印章

出土地点：1968年陕西省咸阳市韩家湾

馆藏地点：陕西历史博物馆

玉玺是权力的象征

“皇后之玺”是吕后处理国事奏章、发布命令时所用

晨　晨　你好，你身上是什么字啊？

皇后之玺　是“皇后之玺”。在字的前面放个镜子镜像一下，就很容易认出来了。

晨　晨　你的主人是谁啊？

皇后之玺　我的主人是大汉开国皇帝刘邦的夫人吕后，也就是吕雉。

晨　晨　都过去2000多年了，怎么证明是她曾经用过的呢？

皇后之玺　第一，我被发现的地方在刘邦的长陵和吕后陵墓大概1000米处。

第二，据《汉官旧仪》中记载：“皇后玉玺，文与帝同。皇后之玺，金螭虎钮。”我的形制、样式、印文内容与史料记载吻合，完全符合历史学界的双重证据法，最终确定我就是吕后的印玺。

晨　晨　你是怎么被发现的呢？

皇后之玺　当时我在水渠里，被放学回家的孔忠良发现，他看到我身上有老虎、有花纹，就把我装到书包带回家了。

晨　晨　你怎么会在水渠里呢？

皇后之玺　可能是盗墓贼盗走我以后，在逃跑时不小心掉到水渠里了。

晨　晨　你的样子太可爱了。

皇后之玺　是吗？呵呵！我是用新疆和田羊脂白玉雕刻而成的，晶莹润泽，玺钮为螭虎，匍匐（fú）状，体态矫健、形象凶猛，玺面阴刻篆书“皇后之玺”4个字。

晨　晨　那你怎么又会到博物馆啊？

皇后之玺　孔忠良把我带回家给他爸爸看了以后，他爸爸感觉我应该是件文物，于是父子二人就把我送到历史博物馆。经专家鉴定，我是汉朝的吕后用过的印玺，于是父子俩就把我交给了国家。

局部示意图

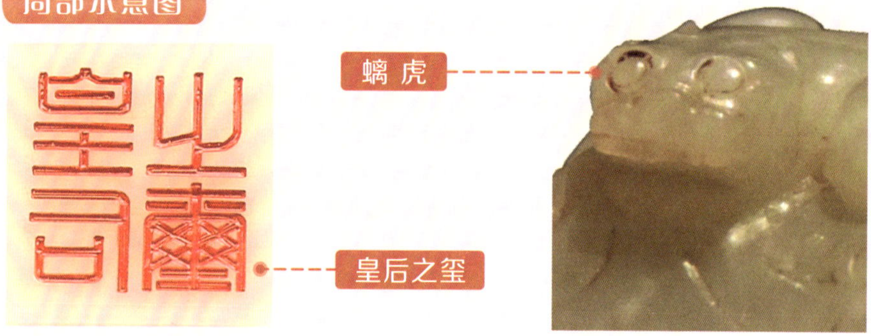

史料知库

玉玺是权力的象征。中国古代皇帝、皇后、太子所用之印称为“玺”，大臣所用之印称为“印”，而其他文人墨客所用之印称为“章”。

司马迁在《史记》中记载：吕后以女主身份代行皇帝职权，天下安定，犯罪的人很少。百姓专心从事农耕，从此衣食富足起来了。后世还把吕后和中国古代唯一的女皇帝武则天相提并论，合称“吕武”。

祈福守门保平安

名　　称：铺首

用　　途：装饰祈福

出土地点：陕西省兴平市茂陵

馆藏地点：茂陵博物馆

“兽面衔环辟不祥”
无论是在皇宫、达官宅院，还是在普通百姓的家门上都有铺首
用以装饰祈福，保家平安

文物解密

有门必有“铺首”。铺首除了有装饰门的功能以外，还有门把手、门铃的功能，铺首下面有门环或门坠，当客人来到门前用手拍击门环或门坠就会发出清脆的声音，主人听到后知道有客人来了，便会开门迎客。这一幕在影视作品里常常可以看到。

瑞兽衔环铺首拓片

西汉 / 铺首拓片 / 徐州汉画像石艺术馆藏

“汉八刀”的典范 财富的象征

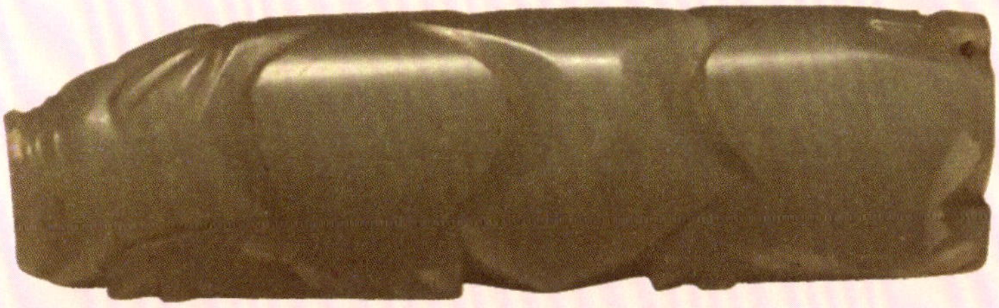

名　　称：玉猪握

用　　途：随葬

出土地点：陕西省西安市汉墓

馆藏地点：陕西历史博物馆

“汉八刀”是中国古代玉雕的一种技法
刀法简洁粗放，简单数刀将人物或动物的形象展现出来
成为我国玉雕史上的一大特色，具有很高的艺术价值及历史价值

文物解密

汉八刀中的“八”并不是确切的数量
而是一个概念数
就像“三人行，必有我师焉”中的“三”不是具体指三个人

考古发掘发现的玉蝉、玉猪比较多
为什么会有玉猪呢
史料记载：“悬腊月猪羊耳，著堂梁上，大富”
“猪”是财富和生活富足的象征

猪为六畜之首
新石器时代的半坡人就开始饲养猪
家畜的多少是衡量一个家庭财富的象征
猪作为祭品、随葬品就显得十分重要
祭祀时，将猪放于室内进行祭祀

在甲骨文中
“家”字的上半部分是宀（mián），表示房子外观的样子
下半部分是豕（shǐ），表示猪的意思
这就是“家”字的由来

目前发现最完整的玉衣

名　　称：金缕玉衣

用　　途：防止尸体腐烂

出土地点：1968年河北省满城县汉墓

馆藏地点：河北博物院

中山靖王刘胜的金缕玉衣长1.88米

由1100克黄金制成的金丝连缀（zhuì）起2498块玉片组成

希望玉能让尸骨永远不腐

文物解密

1968年5月

河北省满城县发现了西汉时期刘胜夫妇的墓葬

大量的随葬品中最精美的就是

金缕玉衣

这是汉代皇帝和高级贵族的葬服

是我国考古发掘中首首次发现的保存完整的金缕玉衣

填补了我国考古史上的空白

按照当时的礼制

金缕玉衣只有天子才能够享用

有些诸侯王为了凸显自己的地位，防止尸体腐烂会偷偷地使用

这件金缕玉衣真实地再现了汉朝最高级别的丧葬文化

极为珍贵

金缕玉衣

由头套、上衣、裤筒、手套和鞋五大部分组成

其中有脸盖、头罩、上衣片、袖筒、手套、裤筒、鞋等

用1100克金丝将2498片玉片连缀而成

在玉葬文化中

古人不仅身穿金缕玉衣

还用九塞将眼、耳、鼻、口、肛门、生殖器塞住

古人认为这样可以保元气不散、精气不泄

尸体不腐

大汉·铜器

汉朝以铜为原料制作的器物用于生活的各个方面
有交易的货币“汉五铢”，有环保的铜灯，有飞奔的铜马等
每一件器物都是汉文化的载体
为了解那个时代的思想文化、艺术成就提供了真实的史料
让我们一起走近文物，了解那个伟大的时代

钱重五铢 轻便实用

名　　称：汉五铢

用　　途：货币

馆藏地点：大唐西市博物馆

“秦半两”重十二铢
汉五铢比秦半两轻很多，重只有五铢
这既提高了流通性，又促进了社会经济的发展

文物解密

汉五铢钱
沿用了秦半两外圆内方的造型
通常是右“五”左“铢”
钱重五铢（铢，古代重量单位，一两的二十四分之一）
这种大小轻重适度的钱币，在货币史上影响巨大
成为我国钱币史上使用时间最长的货币

公元前221年
秦始皇统一六国，并统一了文字、货币、度量衡等
“外圆内方”的半两钱成为全国通行的法定货币
这是我国最早的统一货币

秦法规定：
“黄金为上币，圆形方孔钱的铜币为下币”
黄金以镒为单位，用于帝王赏赐、贵族间馈赠及大额支付等
圆形方孔的铜币用于日常交易

历经贝币、刀币、蚁鼻钱等多种货币的发展
秦半两的出现
标志着中国古代货币基本成熟
具有划时代的意义
成为中国2000多年一直沿用的货币形制
一直沿用至清末民初

古代的“印钞机”

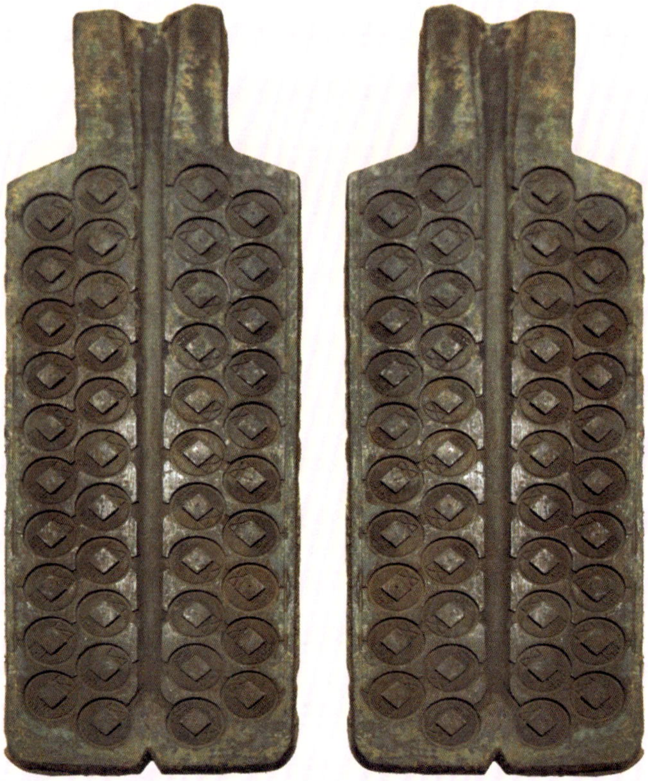

名　　称：五铢钱合范

用　　途：铸造货币

馆藏地点：陕西历史博物馆

造货币时，将两扇合范扣合在一起
再将铜液从上端的孔里注入，待冷却后打开合范
就铸造成了流通的“货币”

据《史记·孝文本纪》记载：汉文帝准备修建一个露台，预算需要百金才能建成。文帝听到后说：“太贵了，这相当于10个中等家庭的收入，算了不修了。”经过休养生息，出现了“文景之治”的盛世景象。

类别	内容
背景	国力衰弱、百业凋零、民众贫苦、食不果腹、衣难蔽体，以至“自天子不能具钧驷，而将相或乘牛车”的景象。
核心人物	汉文帝刘恒、汉景帝刘启
措施	1.“轻徭薄赋”“与民休息”减免赋税徭役，取消关卡，促进贸易。 2.怀柔周邻，避免战争；恩施赵佗，南越归顺；厚贿匈奴，和亲定边。 3.节俭爱民，减轻刑罚；衣不曳地，帷帐不施文绣；禁止贡献奇珍；开放山林，允许樵采；改“肉刑”为“笞（chī）刑”，减少笞刑次数。
成果	文帝和景帝父子执政40年的时间里，大汉王朝国家富足、经济繁荣、边境安定，呈现出国泰民安的盛世景象，史称“文景之治”，大汉帝国进入第一个盛世。
意义	“文景之治”的安定环境促进了文化、科技的发展，将汉朝的综合国力提升到了前所未有的水平，为汉武帝刘彻开疆拓土奠定了坚实的经济基础。

史料知库

汉文帝和汉景帝实行“轻徭薄赋、与民休息、节俭爱民，减轻刑罚”的政策，以至于后来出现了“穿钱的绳子都腐烂了，粮仓下面的粮食已经发霉了”的现象。此时的汉朝国库充盈，百姓富裕，社会安定，大汉王朝开始进入第一个盛世——“文景之治”。

桑弘羊档案

基本信息

姓　　名　桑弘羊

生卒年月　公元前155～公元前80年

出 生 地　河南洛阳人

住　　址　汉长安城

职　　业　理财专家

业　绩

推行算缗（mín）、告缗、盐铁官营、均输平准、币制改革、酒榷（què）等经济政策。

经　历

1.13岁的桑弘羊以精于心算特选入宫。

2.公元前120年，汉武帝采纳他的建议实施盐铁官营，弥补战争造成的财政亏空。

3.公元前87年，汉武帝加封桑弘羊为御史大夫，与霍光、金日磾（jīn mìdī）、上官桀（jié）共同辅佐刘弗陵。

4.公元前80年，因政变牵连，桑弘羊惨遭灭族。

评　价

桑弘羊在总管国家财政期间，进行机构改革，实行盐铁官营、均输平准等政策，缓解了当时的财政危机，因此，桑弘羊被称为汉武帝的“钱袋子”。桑弘羊推行的各项措施不仅加强了中央集权，巩固了统治，遏制了富商大贾（gǔ）和豪强兼并势力的发展，也为汉武帝各项政令顺利实施奠定了坚实的物质基础。

古钱五十名珍之一

名　　称：国宝金匮（kuì）直万铜钱

用　　途：货币

出土地点：1921年陕西省西安市未央宫故址

馆藏地点：大唐西市博物馆

国宝金匮直万铜钱素有“古泉魁首”之称
有“存世真品仅有两枚半”的说法

文物解密

这枚货币上半部分呈圆形，直径约2.6厘米，有“国宝金匮”四个字；下半部分呈正方形，边长约2.5厘米，重41.7克，极为罕见，有“存世真品仅有两枚半”之说。

当劳动剩余产品需要交换时，由于商品价值不同无法交换，因而就出现了一种交换媒介，那就是货币。贝类货币成为最早的货币，随着社会的发展，贝类货币不能满足人们的日常需要，于是布币、刀币、蚁鼻钱等金属货币出现了。

秦始皇一统天下，在全国推行外圆内方的秦半两，这种“外圆内方”的形制被历代沿用。如汉朝的五铢钱，唐朝的开元通宝、宋朝的淳化元宝、明朝的崇祯通宝、清朝的康熙通宝等都是这种形制。

北宋时期，巴蜀地区商业活动发达活跃，出现了世界上最早的纸币——“交子”，进一步促进了商业经济的发展。随着科技的发展。

如今，日常使用的纸币已经很少见到，电子货币给生活和商业活动带来了极大的便捷。

史料知库

贝币是最早的货币，后来许多与钱相关的字都带有“贝”字旁，如“财”“账”“赚”“赊”“货”“赂”“赐”“赈”“购”“贫”“贷”等。

甲兵之本 帝国精神

名　　称：鎏金铜马

用　　途：随葬

出土地点：1981年陕西省咸阳市茂陵阳信墓

馆藏地点：茂陵博物馆

鎏金铜马以大宛（yuān）国汗血宝马为原型制作而成
体现了汉代养马业的发达与兴盛
不仅是一件艺术珍品，也是大汉帝国时代精神的缩影

晨晨 老师，为什么这匹马看起来头很小，腿很长，尾巴翘得这么高？

讲师 这是著名的汗血宝马，高62厘米，长76厘米，重26千克，四腿直立，昂首，两耳竖立，大眼鼻鼓，口微微张开，脖子和胸前的肌肉特别发达，是世界上迄今为止发现的第一个鉴别良马标准模型。

晨晨 这匹马的主人是谁呢？

讲师 开始是汉武帝所有，后来汉武帝将它送给了姐姐阳信公主。

晨晨 这和兵马俑的马有什么不同呢？

讲师 兵马俑的马属于典型的“河曲马”，而这是大宛国的优良马种。汉朝统治者通过纳贡、互市、战争等手段大力引进外来优良马种，以对原有马种进行改良，故后世有“汉唐之所以能张者，皆唯畜牧之盛也”的说法。

晨晨 这种马出现的意义是什么？

讲师 汗血宝马不仅是抵御外敌、开疆拓土的沙场骄子，更代表了大汉帝国开拓进取的时代精神。

晨晨 明白了，谢谢老师。

史料链接

汗血马的学名是阿哈尔捷金马，它的耐力和速度十分惊人，不但能日行千里，更会在奔跑时从肩膀附近位置流出像血一样的汗液，故称“汗血宝马”。这是由于汗血马的皮肤较薄，运动时血液在血管中流动很容易被看到。另外，马的肩部和颈部汗腺发达，出汗时往往先潮后湿，对于枣红色或栗色毛的马，出汗后局部颜色会更显鲜艳，所以给人以“流血”的错觉。

局部示意图

超级点评 ★★★★★

在汉代，马对于国家的强弱盛衰起着非常重要的作用，自古以来备受重视。汉朝统治者在建国之初，建立了一整套严格的饲养和管理制度。经文帝和景帝的休养积蓄，至汉武帝时期“厩马有四十万匹”。养马业繁盛发达，促使汉朝骑兵飞速发展，为汉武帝开疆拓土提供了重要支撑。

汉朝人对天马十分钟爱，汉代雕塑、画像石、墓室壁画等艺术作品中常常出现长着翅膀的翼马，形成了以“仙人奔马”“天马行空”等主题的画面，这是中国古代马文化的特色。

刘彻档案

基本信息

姓　名　刘彻

生　卒　公元前156～前87年

职　务　汉朝第七位皇帝

住　址　大汉长安城

谥　号　孝武皇帝

陵　墓　茂陵

功　绩

1.实行“推恩令”加强中央集权，严禁诸侯王参与政事，不拘一格选用人才。

2.改革币制，禁止郡国铸钱，实行盐铁官营、均输平准等制度，颁布算缗（mín）、告缗令。

3.重视农业发展，推广牛耕、水利灌溉，实行代田法等。

4.采用董仲舒提出的“罢黜百家、独尊儒术”，起用儒士参与国政，儒家学说成为选拔人才、任官授爵的标准，儒家经典成为国家规定的教科书。设五经博士，在京师长安兴建太学，郡国设立学官。

5.派卫青、霍去病多次出击匈奴，迫其远迁漠北；征服闽越、东瓯、南越，经营西南。

6.两次派张骞出使西域，加强与西域互通，为丝绸之路的开通奠定了基础。

评　价

汉武帝刘彻一生雄才大略、文治武功，16岁继位，71岁驾崩，执政54年。在半个多世纪的政治生涯里，汉武帝敢为人先，为中国历史创造了许多个“第一”。

第一个用儒家学说实现了思想上的大一统；

第一个创办中央太学，培养人才；

第一个凿空西域，开启丝绸贸易；

第一个开疆拓土，奠定汉朝辽阔疆域版图；

第一个下“罪己诏”，反省自己的过失。

汉武帝在位期间，以“汉族”为主体统一的多民族国家得到了巩固，中国开始以富强和高度文明著称于世。

家庭关系

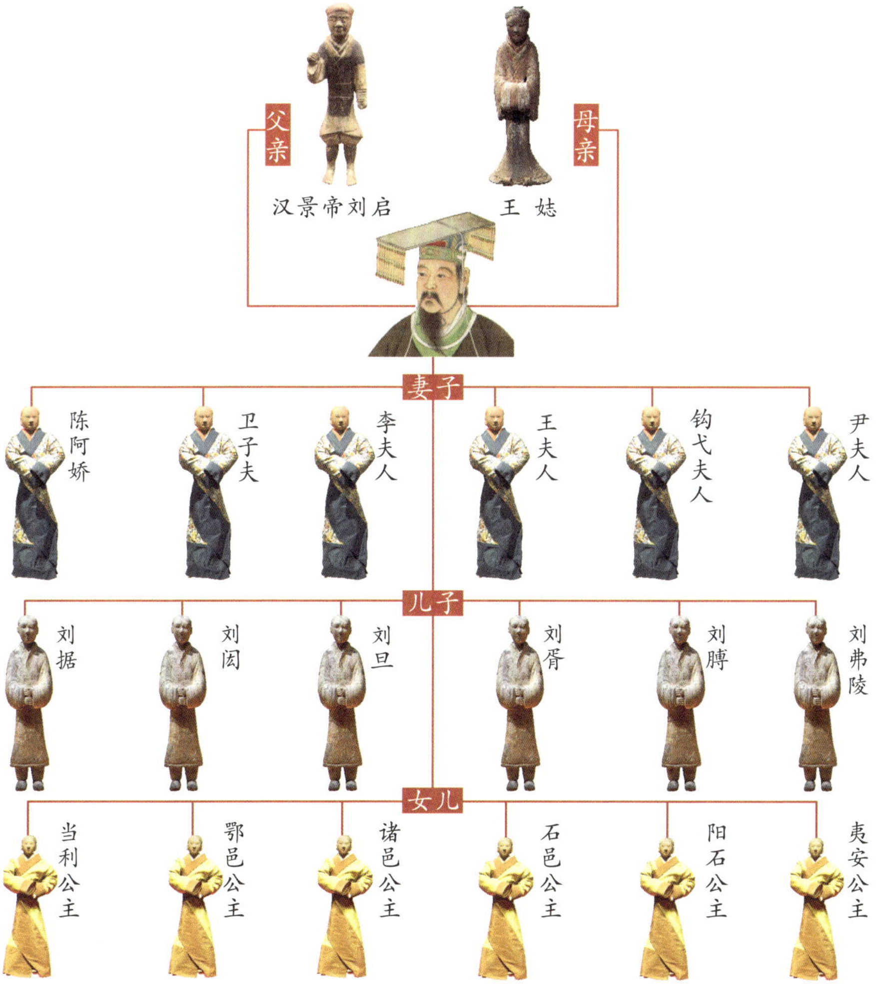

天下第一阴谋“推恩令”

建议书

陛下：

当今诸侯势力强大，已严重威胁到中央政权，臣建议把各诸侯国的封地只能由其长子继承的制度改为所有儿子共同继承，这样便可以削弱诸侯、巩固中央政权。

臣：主父偃（yǎn）

批 示

此法甚好，由丞相牵头，制定相关细则，快速发往各诸侯国落实，对落实不到位的相关人员按律严惩。

超级点评 ★★★★★

“推恩令”极妙，实施阻力很小，有以下3个原因：

1.这个法令抓住了嫡长子以外没有继承权这群人的利益，获得了他们的大力支持。

2.此法令并没有剥夺继承人的爵位，只是继承人自己的封地变小，并没有完全被剥夺。

3.诸侯继承人由“一”变“多”，朝廷将自己与地方的矛盾转化到了诸侯家庭内部。

丝路文明的见证

名　　称：鎏金铜蚕
用　　途：随葬
出土地点：1984年陕西省石泉县河道
馆藏地点：陕西历史博物馆（秦汉馆）

汉代的丝织业繁荣发达
纹饰多样、颜色艳丽、做工精细，远销中亚、欧洲
1877年，德国地质地理学家李希霍芬
把中国与中亚、印度之间以丝绸贸易为媒介的西域交通道路
命名为“丝绸之路”

晨晨 您好，老师，这条小铜蚕为什么能被评为国家一级文物呢？

讲师 不要看它小，它可是丝绸之路的纽带，是中外文化交流的标志。

晨晨 养蚕不是多在江浙一带吗？

讲师 《石泉县志》中记载，陕西省安康市石泉县在古代养蚕业就很兴盛，这件文物和史料记载刚好吻合，符合历史学界的“双重证据法”，充分证明了石泉这个地方在汉朝时期已经开始大规模养蚕。

晨晨 噢，我明白了。小蚕的样子很可爱。

讲师 这个小蚕用铜制鎏金，长5.6厘米，腹围1.9厘米，蚕头微微抬起，呈吐丝状，两眼突出、腹脚清晰，形象逼真，生动传神，非常可爱。

晨晨 老师，我记得有关于蚕的古诗呢。

讲师 对，有的。

无　题　　唐·李商隐
相见时难别亦难，东风无力百花残。
春蚕到死丝方尽，蜡炬成灰泪始干。

晨晨 我在课本里学过哦，谢谢老师！

张骞出使西域

张骞，汉代杰出的外交家、探险家、丝绸之路的开拓者

先后两次出使西域

打通了中国与中亚、西亚、南亚以及通往欧洲的陆路交通

推动了东西方的贸易和文化交流

中国的丝绸、茶叶、漆器等由此传入中亚、西亚及欧洲

第一幕 出征

建元二年（公元前139年），为了联合大月氏夹击匈奴，汉武帝派张骞率领100多人从长安出发，出使西域。

第二幕 被扣

张骞一行人在河西走廊被匈奴人发现，被扣留了10年。在此期间匈奴人不断说服劝降，张骞始终忠贞不屈，一心向汉。被扣期间，张骞娶匈奴女子为妻并生有一子。趁一次机会，张骞成功逃往大月氏。

第三幕 劝说大月氏国王

张骞劝说大月氏国王联合夹击匈奴，劝说未成，遂停留继续说服长达两年之久，仍未成功。

第四幕 返回长安

历经13年的艰辛、13年的孤苦、13年的期待、13年的不辱使命，元朔三年（公元前126年），张骞终于回到了阔别13年的故土——长安。因他见多识广，被汉武帝封为“博望侯”。

第五幕 二次出使

公元前119年，张骞奉命第二次出使西域诸国，未完成预期任务。

第六幕 归葬城固

第二次出使返回不久，张骞病逝，葬于其家乡（今陕西省汉中市城固县）。

史料链接

外来蔬菜瓜果不同时期的名称

汉唐时期，通过陆上丝绸之路传入西域的蔬菜瓜果等物种名称前多加“胡”字，如胡麻、胡豆、胡桃、胡荽（suī，香菜）、胡瓜、胡蒜等。

明朝以后，通过海上丝绸之路传入的蔬菜瓜果品种前多加“番”字，如番茄、番薯（红薯）等。

近代从西方传入的蔬菜瓜果品种前多加“洋”字，如洋葱、洋白菜、洋辣子等。

胡瓜 / 黄瓜

胡麻 / 芝麻

胡荽 / 香菜

胡蒜 / 大蒜

苏武牧羊

苏武，西汉时期杰出的外交家和民族英雄

出使匈奴被扣19年

匈奴多次威胁诱降，苏武始终不屈

遂将其放逐到北海边牧羊，扬言要公羊生子方可释放他归汉

第一幕 苏武出使

公元前100年，且鞮（jū dī）侯单于（chán yú）即位，怕受到汉朝攻击，希望与汉朝建立友好关系，送还了之前扣押的汉使路充国等人。于是，汉武帝派苏武持节护送扣留在汉的匈奴使者回国，并赠送礼物，希望友好往来。

第二幕 牵连被扣

当时，缑王、虞常等人密谋，准备谋反，想绑架单于的母亲阏氏（yān zhī）投奔汉朝，结果阴谋败露，苏武受到牵连，被放逐北至海牧羊。匈奴大单于告诉苏武，这些公羊什么时候生小羊羔了，你就可以回到长安去了。

第三幕 使者营救

汉昭帝即位后，派使者寻找苏武，然而匈奴谎称苏武已经死了。此时，一个叫常惠的人告诉汉使，苏武没死，正在北海放羊。常惠教汉使对单于说：“大汉天子在上林苑中射猎时，射得一只大雁，脚上系有苏武写的一封书信，说他正在北海牧羊。”汉使按照常惠教的责问单于，单于听后非常惊讶，承认苏武还活着，最后释放了苏武。

第四幕 返回长安

公元前81年春，苏武回到长安。公元前60年，苏武去世，时年80余岁，被列为麒麟阁十一功臣之一。

“节操”，亦称“气节”“德操”，指一个人在任何条件和处境下，都能笃守高尚纯正的道德品质。

苏武面对匈奴的威逼利诱，坚持初心，忠于大汉，不愿屈服，历经19年的磨难最终回到了汉朝。苏武威武不屈的民族气节和高尚的爱国情操成为中华民族宝贵的精神财富。

炉暖浓香 寿百千长

名　　称：鎏金银竹节铜熏炉

用　　途：营造氛围、祈愿长寿

出土地点：1981年陕西省兴平市茂陵陪葬墓

馆藏地点：陕西历史博物馆

这件熏炉为博山炉造型
铭文证实这是汉武帝赐给阳信长公主及其丈夫大将军卫青的
是西汉时期一件精美的艺术精品

2021年7月6日　　星期一　晴

今天，我们参观了陕西历史博物馆，看到西汉的一件熏炉上竟然有9条龙：熏炉的底座上透雕着2条龙，昂首张口咬住竹柄，五节竹上还有竹叶，竹柄上端有3条龙将熏炉托起，炉体上部浮雕4条龙。“九”在我国古代是最高数字，是皇权的体现，加上炉柄上有5节竹节，体现了“九五至尊”的皇权思想。

这件熏炉高58厘米，由炉体、长柄、底座三部分组成，通体鎏金鎏银，制作极其精美。在炉盖口外侧刻铭文一周35字：“内者未央尚卧金黄涂竹节熏炉一具并重十斤十二两四年内官造五年十月输第初三。”底座圈足外侧刻铭文33字：“内者未央尚卧金黄涂竹节熏炉一具并重十一斤四年寺工造五年十月输第初四。”

局部示意图

铭文：内者未央尚卧金黄涂竹节熏炉一具并重十一斤四年寺工造五年十月输第初四

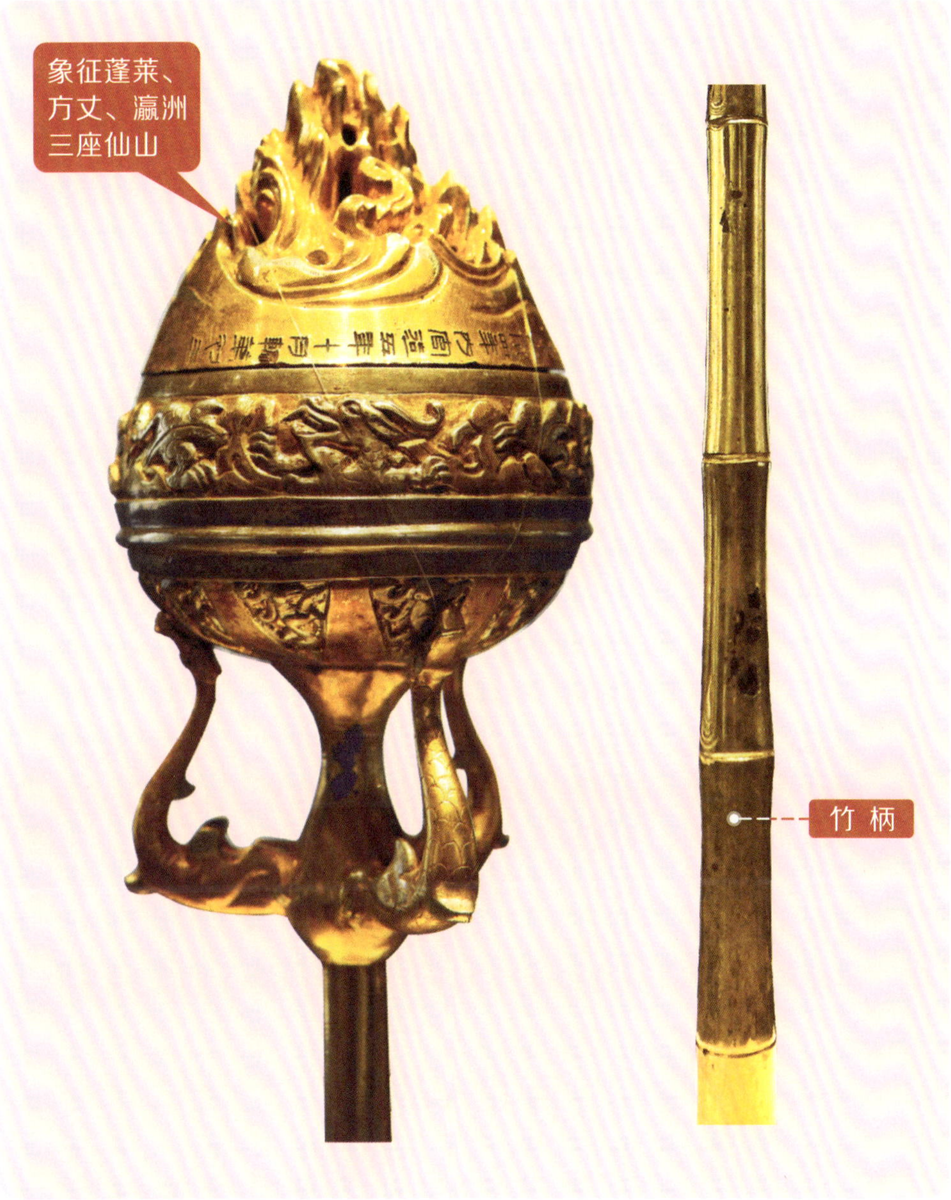

史料知库

鎏金是将黄金溶于汞中成为糊状的金汞混合溶液，然后将其均匀地涂到干净的金属器物表面，加热使汞挥发，使金附着于器物表面的一种工艺。

卫青档案

基本信息

姓　　名　卫青

生卒年月　不详～公元前106年

出 生 地　山西临汾市

住　　址　大汉长安城

职　　业　将军

爵　　位　长平侯

功 绩

收复河朔、河套地区，击败匈奴

1.公元前129年，匈奴骑兵大举入侵，汉兵分四路出击，只有卫青一路在龙城之战大胜而归。武帝欣喜，封卫青为关内侯。

2.公元前127年，收复河套地区。

3.公元前124年，取得漠南之战胜利，汉武帝派使者赶到边塞，拜卫青为大将军。

4.公元前119年，漠北之战，与霍去病重挫匈奴，迫使匈奴不敢南侵。

漠北大战

原因：经过数次战争，匈奴单于还拥有强大的实力，对汉朝的边境造成了严重的威胁，阻碍了汉朝北方的统一。经过两年的准备，汉武帝决定向匈奴单于最后的势力发起进攻。

经过：元狩四年（公元前119年），汉武帝遣卫青、霍去病各率领5万骑兵和数万步兵分两路进入漠北寻找歼灭匈奴的主力。卫青很快确定了伊稚斜单于的驻地，率军穿过大漠与伊稚斜单于大军相遇，双方展开激战，歼敌19000多人，伊稚斜逃脱。霍去病率军出代郡后与匈奴左贤王部遭遇，汉军主动进攻，歼敌7万余人。左贤王逃跑，霍去病追杀至狼居胥山，在山上祭天，又在姑衍山祭地，大胜而归。

结果：漠北之战汉军大胜，共歼敌9万余人。匈奴元气大伤，远迁漠北，从此“漠南无王庭”。标志着匈奴的势力范围大大缩减，彻底解除了对汉朝的威胁。

家庭关系

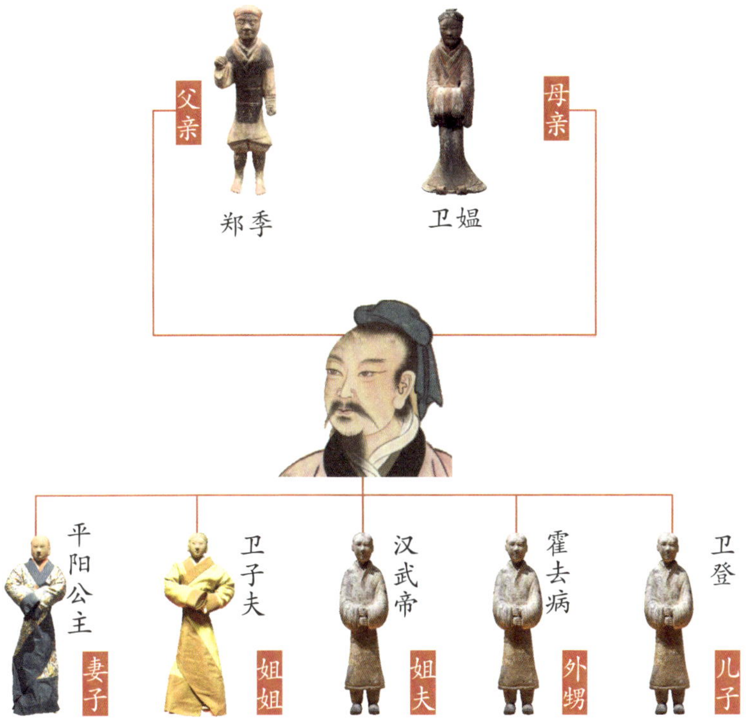

超级点评 ★★★★★

卫青是西汉著名的军事家、民族英雄。公元前129年，他首次率兵抗击匈奴，大胜而归。征战10余年，七战七捷，打通了河西走廊的交通要道，促进了中原与西域之间的文化交流与民族融合。

博山炉中沉香火 双烟一气凌紫霞

名　　称：错金铜博山熏炉

用　　途：熏香

出土地点：1968年河北省满城县汉墓

馆藏地点：河北博物院

熏炉是古代用来熏香、取暖的器具
这件熏炉集实用性、艺术性、观赏性于一体
是汉代铜器极品之一

文物解密

1968年，西汉中山靖王刘胜墓被打开时出土了一件熏炉，高26厘米，重3.4千克。炉身汇聚了神龙、大海、仙山、异兽等多种元素，工艺精湛，装饰华丽，举世闻名。

熏炉由底座、炉柄、炉身及炉盖组成，通体用金丝和金片错出舒展的云气纹。炉座透雕成三龙出水状，以龙头撑托炉盘，炉盘上部和炉盖铸出高低起伏的山峦，炉盖上因山势镂孔，雕塑了日常山间的景色，有神兽穿梭、虎豹奔走；有小猴嬉戏，猎人巡猎。

这件熏炉构思精巧，纹饰精美，不仅反映了当时人们追求长生不老的思想，也是汉代工匠独具匠心的艺术精品。

局部效果图

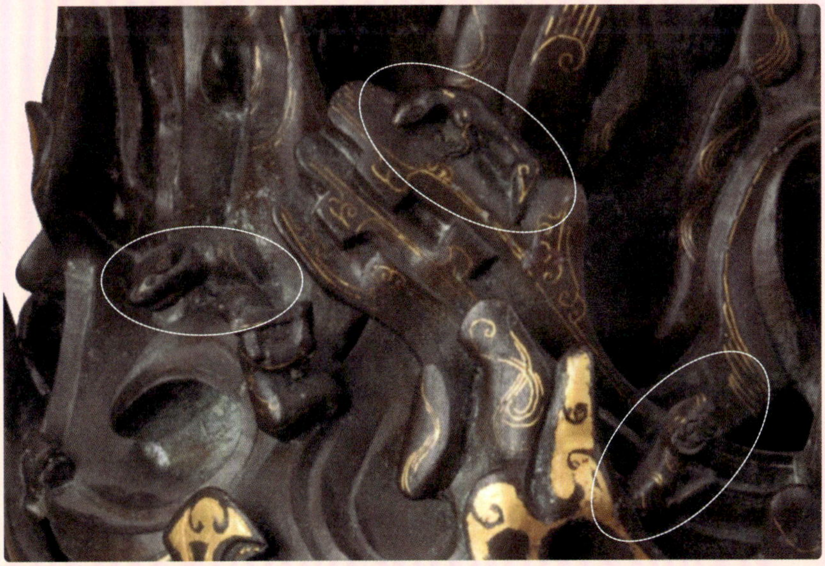

玩古图／明·杜堇／台北故宫博物院藏

匠心铸造 寓意美好

名　　称：五凤熏炉

用　　途：熏香

出土地点：1989年河南省焦作市嘉禾屯

馆藏地点：河南博物院

《纬书集成 · 乐叶图徵》记载：
“五凤皆五色，为瑞者一，为孽者四”
五凤熏炉象征吉祥顺意

文物解密

熏炉主体是一只大凤
胸部、双翅及凤尾各有一只小凤装饰，共五只
因此称为“五凤熏炉”

熏炉底下有一折沿的平底盘
大凤双爪铆接于圆盘之上，姿态矫健
其他四只凤鸟立于大凤身上，构思精巧，造型别致

大凤口衔圆球，昂首引颈，振翅欲飞
腹部中空，背部镂空
可以打开放置香料，点燃后烟气袅袅升起
底下的圆盘
不仅可以使凤鸟更加稳重，还可以收集香灰
这件熏炉成为西汉精美的熏炉之一

熏炉在当时是用来熏香和取暖的器物
这件熏炉集实用性与观赏性于一体
成为汉代工艺的典范

凤有百鸟之王之美誉，羽毛最为漂亮
凤鸟纹是吉祥美好的象征
寄托了当时人们美好的愿望，成为重要的纹饰之一
历经千年延续，备受喜爱

蒸汽结构 养生蒸锅

名　　称：赵氏甗（yǎn）

用　　途：厨具

出土地点：1977年西安市未央区

馆藏地点：西安博物院

甗是一种食器
原理是利用水蒸气将食物蒸熟

文物解密

赵氏甗由底下的釜、中间的甑、上面的盆三部分组成。釜相当于锅，甑和盆相当于笼，是一套放置在灶上用来蒸食物的器具。

铜釜：用来盛水，上腹两侧有一对铺首衔环，口沿有“赵氏，十一斤”5字铭文。

铜甑：放置食物，腹部两侧有一对铺首衔环。底部十字镂空，分为4个区域，每区有平行的三棱状箅格，口沿上有“赵氏，八斤”4字铭文。

铜盆：腹两侧有一对铺首衔环，口沿上有“赵氏，八斤十二两”7字铭文。

结构示意图

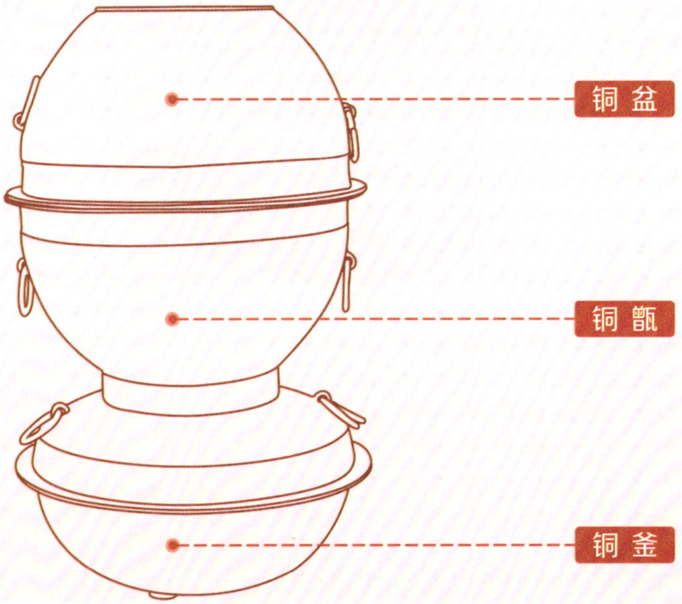

染而食之 随吃随染

名　　称：四神纹染器

用　　途：食器

馆藏地点：陕西历史博物馆

染器相当于现在吃火锅时的“料碗”
烟气从染炉的镂孔散出，使食者好像置身于仙境
充分体现了汉朝人在饮食方面的精神追求

文物解密

四神纹染器是一种饮食器具
古人称调味品为“染”
吃饭时以酱、盐等调味品为佐料，放于耳杯中食用
“染而食之”是汉代一种特殊的饮食方式

这件染器由耳杯、炉、承盘组成
炉身四周以四神动物进行装饰，底座由4个小人支撑
有手柄方便拿取
有的耳杯中有带孔的箅子，以避免肉食沾上调料中的碎渣
科学实用

《汉书·地理志》记载：
都邑（yì）都仿效吏及内郡贾人，往往以杯器食
说明汉朝人喜欢用耳杯进食

有的染炉和染杯上刻有顺序编号
宴饮时一人一套，分餐进食，随吃随“染”
歌舞相伴，尽显奢华

四神

青龙

朱雀

白虎

玄武

原来酒是从这里流出来的

名　　称：错金银云纹青铜犀尊

用　　途：酒器

出土地点：1963年陕西省咸阳市吴乡豆马村

馆藏地点：中国国家博物馆

在新石器时代遗址中曾多次发现犀牛骨
甲骨文中记载殷商焚林猎犀
春秋战国时期用犀牛皮制作铠甲
由于大肆捕杀，野生犀牛在我国现已绝迹

2021年6月29日　　星期二　阴

今天我和妈妈在国博（中国国家博物馆）看到了一件非常有意思的酒壶，全名是“错金银云纹青铜犀尊”。关于这个酒壶从哪里倒酒把我难住了，最终我发现酒是从犀牛嘴巴右边的一个管子里流出来的。

这尊犀牛高34.1厘米，长58.1厘米，重13.34千克，非常可爱。它身体肥大，比例协调，昂首伫立，腿短粗壮，头上有两个尖尖的角，两只又黑又大的眼睛，背上有个盖子，肚子是空的，用来装酒，酒从管子一样的“流”中倒出来。

它身上用错金工艺做出来的各种花纹，不仅精美华丽，又显得犀牛更有活力，讲解老师说这是实用与美观有机结合的经典作品。古代的工匠师傅太厉害了！

局部示意图

两千年的窖藏美酒

名　　称：鎏金凤鸟铜锺（zhōng）

用　　途：储酒器

出土地点：2003年陕西省西安市未央区汉墓

馆藏地点：西安博物院

鎏金凤鸟铜锺发现时里边还盛有2000多年前的美酒
经检测酒精浓度达到了0.10%
为研究西汉酿酒技术及酒文化提供了真实的资料

文物解密

2003年，西安市未央区枣园村汉墓出土了一对鎏金凤鸟铜锺，高78厘米，重20.13千克，铜质鎏金，密封完好，盖上站立着一只翘尾、嘴里含珠、展翅欲飞的朱雀。当考古人员打开盖子之时，里边竟然装有26千克西汉的美酒，翠绿清澈、香气浓郁。

由于酒储存在青铜器中，酒和青铜器发生化学反应而成为淡绿色，经检测酒精浓度达到了0.10%，为研究西汉酿酒技术及酒文化提供了真实的资料。

局部示意图

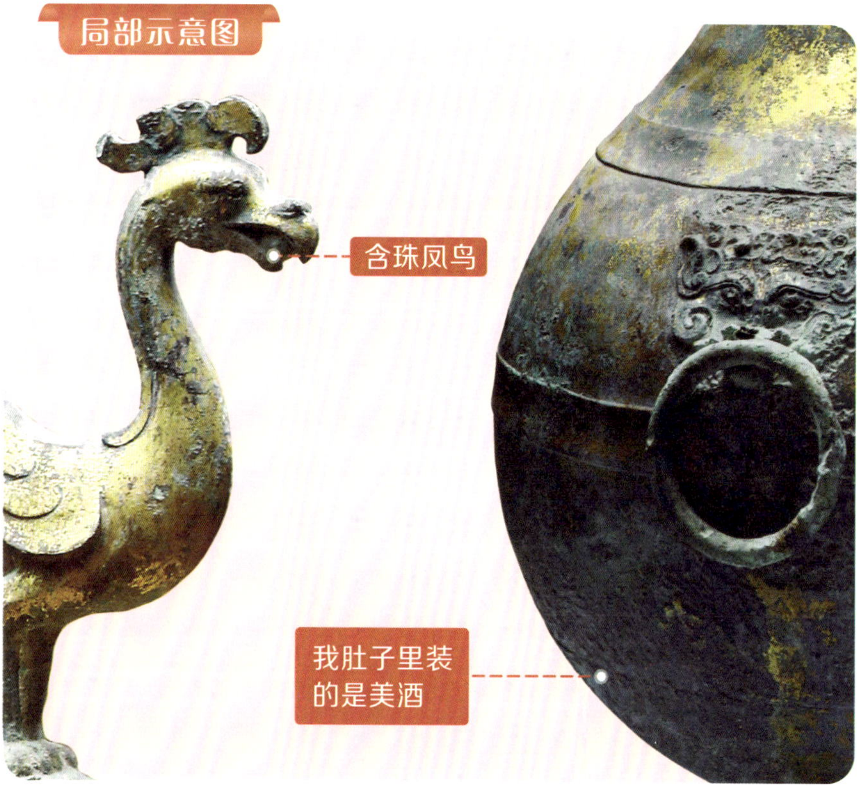

酒趣

名　　称：错金银镶嵌铜骰（tóu）子

用　　途：行酒令

出土地点：1968年河北省满城县汉墓

馆藏地点：河北博物院

行令饮酒
是古人饮酒时助兴取乐的一种饮酒游戏
在文人、士大夫当中非常流行
白居易有诗道：“花时同醉破春愁，醉折花枝当酒筹”

晨晨　老师，这个是干什么的啊？

讲师　这是古人喝酒时用的酒令铜骰子，就像现在大人喝酒时用的“色（shǎi）子”。

晨晨　这是谁用的呢？

讲师　这是刘胜夫妇二人生前宴请宾客时用的行酒令，当时在河北满城汉墓里发现时，和它一起出土的还有40枚行酒令钱，这些都是他们饮酒助兴的器物。

晨晨　老师，这铜骰子上面是什么字？

讲师　上面有“一”至“十六”的数字，还有“酒来”和“骄”二字对称分布。

晨晨　这工匠的技术也太厉害了！👍👍👍

讲师　汉朝的错金工艺达到了很高的水平哦。

晨晨　老师，他们是不是整天喝酒呀？

讲师　他们特别爱喝酒，在墓葬里发现了33件陶制大酒缸，可盛5000多千克酒。有的陶缸上写有“甘醪十五石”“黍酒十一石”“稻酒十一石”等文字，说明当时已用多种谷物酿造不同的酒。

晨　晨　　这个有点像独孤信的多面体煤精组印。

独孤信的多面体煤精组印极有可能是受这个器物的启发做出来的。　**讲　师**

结构示意图

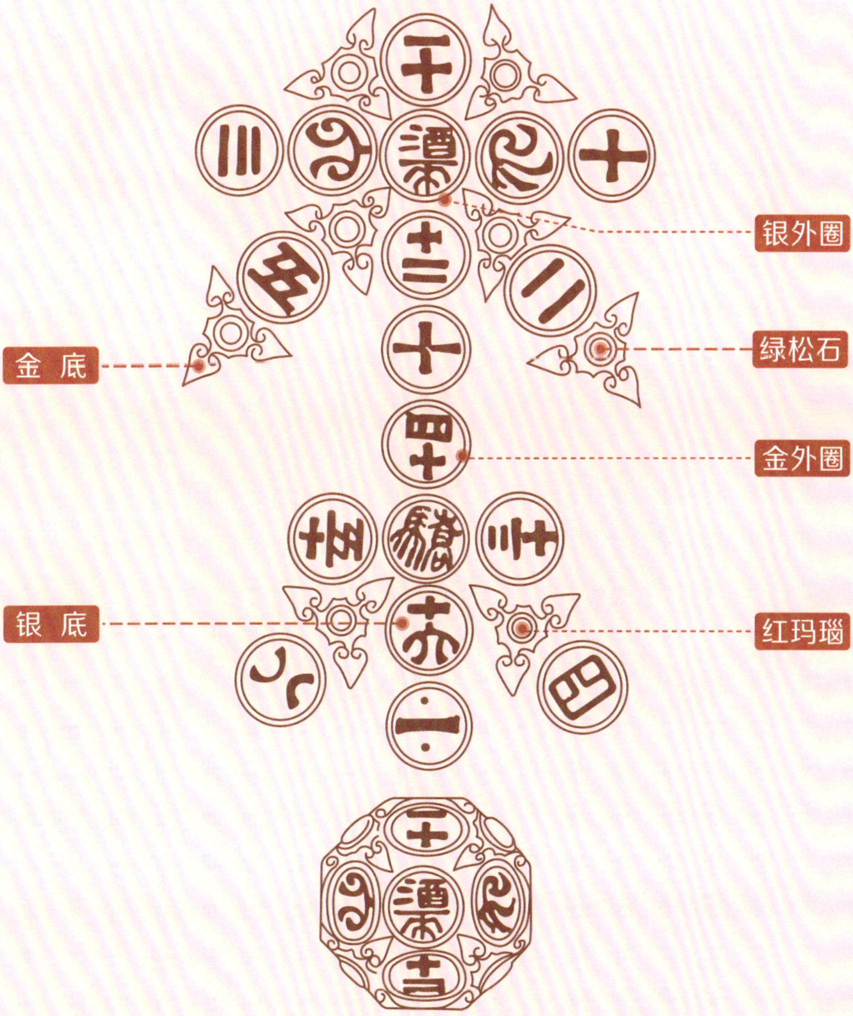

王后的化妆器具

名　　称：朱雀衔环铜杯

用　　途：化妆器具

出土地点：1968年河北省满城县汉墓窦绾墓

馆藏地点：河北博物院

据史料记载，汉代已有米粉、胭脂、铅粉等化妆品
通常以固体的形式存放在化妆器具中
使用时，用水或其他液体泡软、调成糊状进行化妆

晨　晨　老师，这个是什么啊？

讲　师　这是汉朝女性化妆时用来调制化妆品的一对铜杯，当时出土时里边还有残存的红色痕迹。

晨　晨　这也太奢华了吧！它的主人是谁啊？

讲　师　这是西汉时期中山靖王刘胜的妻子窦绾（wǎn）用的。

晨　晨　这上面的动物是什么呀？

讲　师　你看，两个高足杯之间有一只动物，四足分别踩在两侧高足杯的底，昂首张口，背上站着一只朱雀，展翅欲飞，喙（huì）里衔着一只可以转动的玉环，身上镶嵌有绿松石，形象奢华。

晨　晨　真是太漂亮了！

局部效果图

鹰形车饰 豪车配置

名　　称：鎏金嵌料鹰形鐏
用　　途：车饰
出土地点：1967年西安市莲湖区
馆藏地点：西安博物院

《列子 · 黄帝篇》中记载：
黄帝与炎帝战于阪（bǎn）泉之野
率熊罴（pí）狼豹为前驱，雕、鹏、鹰、鸢（yuān）为旗帜
鹰象征着英雄凯旋

文物解密

1972年，在西安市莲湖区第二机砖厂发现了一组鎏金鹰饰件。上部为鹰首形，鹰首挺立，头顶有角，角后戴冠，眼睛炯炯有神，鹰嘴为尖钩形，颈部的羽毛上下翻卷，胸部伸出两前足及爪，三趾爪用力张开，胸部、腹部及尾部的羽毛也是上下翻卷。后足用力蹬踏，展翅欲飞，鹰冠顶端和侧面及底端最初镶嵌有蜻蜓眼，现已大部分脱落，底部中空便于安装。

我心匪席 不可卷也

名　　称：鎏金鸿雁铜镇
用　　途：镇压席角
出土地点：陕西省西安市未央区
馆藏地点：西安博物院

镇
《广雅·释诂》解释为“镇，重也”
就是用重物安定物件，而席镇则是用来压席角

文物解密

在高型家具传入中国之前，人们一直习惯于席地而坐。用藤子、芦苇、蒲草或竹条编织的席子不仅容易卷边，起身时席子还会移动，为了避免起身、落座时折卷席角，就在四角压上镇。后来镇越来越讲究，做成了各种萌萌的小动物等多种造型，这是汉朝室内装饰的一大特色。

根据考古发掘得知，一套完整的席镇有四枚。席镇在春秋战国时期就已经出现了，当时已经广泛使用。到了汉代，镇已经发展得非常成熟，造型有虎、豹、凤鸟、羊、鹿、熊、龟、蛇等各种动物，材料有鎏金、错银、嵌贝等。

《诗经·邶风·柏舟》中记载：“我心匪席，不可卷也”，意思是一个人的志向、理念不会像席子一样卷边变形，形容人刚毅不屈的精神。

唐·孙位/《高逸图》局部

中国旅游标志

名　　称：铜奔马

用　　途：随葬

出土地点：1968年甘肃省武威市雷台汉墓

馆藏地点：甘肃省博物馆

铜奔马是东汉时期一件艺术精品
1983年被国家旅游局确定为中国旅游标志
现为甘肃省博物馆镇馆之宝

文物解密

在汉代，马主要用于军事和驿站
在生活中，马是财富的象征
常常以“车马出行仪仗队”和“出行图”的形式
出现在墓葬的壁画、画像石、画像砖上

铜奔马三足腾空，动感极强
以回首的飞鸟作为底座，马右后蹄踏在一只龙雀身上
衬托出马的速度
使一匹静止的铜马展现出急速飞奔的瞬间

铜奔马与飞鸟绝妙地结合在一起
马蹄下的飞鸟起到了固定的作用，又凸显了骏马飞奔的场景
充分体现了匠心精神
也是大汉王朝昂扬向上精神的体现

铜奔马是汉代青铜铸造工艺的经典之作
成为甘肃省博物馆镇馆之宝
1983年，铜奔马被国家旅游局确定为中国旅游标志
1996年被定为国宝级文物
2002年被列入首批禁止出国展览的珍贵文物

华丽奇幻 羽化成仙

名　　称：东汉羽人

用　　途：祈福

出土地点：1987年河南省洛阳市

馆藏地点：洛阳博物馆

汉代羽人肩负三项神圣使命

一是接引升仙，二是求赐仙药，三是长寿祈福

佛教传入后，这类图像也随着观念的转变越来越少

文物解密

1987年，在洛阳东郊的一个东汉中晚期墓葬中出土了一件青铜“羽人”。通体鎏金，呈跽坐状，双手合抱一个中空、前方后圆的筒形器。羽人面目奇特，深目、高鼻、大耳，下颌有短须，发披于脑后，身穿束带紧身长衣，肩后翘起双翅，腿部亦雕刻成羽翅造型，全身刻有线条纤细的羽纹、卷草纹和云气纹，造型别致华丽。

羽人常作为引领和侍从出现在仙境的场景中，西王母、玉兔、九尾狐、三足乌、蟾蜍、瑞兽等图像充斥其中。羽人常常从事引领、御龙、御车、执药、六博、戏兽等活动。

汉诗《长歌行》中描述：“仙人骑白鹿，发短耳何长。导我上太华，揽芝获赤幢。来到主人门，奉药一玉箱。主人服此药，身体日康强。发白复更黑，延年寿命长。”诗中描述的“仙人”形象发短耳长，与出土器物表现的羽人形象基本吻合。

“羽人”的形象在考古时多有发现，在墓室壁画、画像砖石、葬具上常常出现。秦汉时期，神仙思想盛行，秦始皇和汉武帝热衷于求仙，东汉王充在《论衡·道虚》中也记载：“为道学仙之人，能先生数寸之羽毛，从地自奋，生楼台之阶，乃可谓升天。”这件羽人肩后翘起的双翅，飘于脑后的长发，器身以云气纹装饰，使静态的器物充满了动感。

汉代羽人拓片

精彩互动

1.张骞出使西域有什么重要意义?

A.改变了中国人的地域观、世界观，了解了更多西域的风土人情。

B.张骞了解到从贵州、云南，经过东南亚、南亚也可以到达中亚。

C.张骞带回来了好多物种，极大地丰富了我们的餐桌，使得人们的饮食结构发生了极大的改变。

D.汉武帝派人去西南的滇国和夜郎国，这两个国王看到汉朝的使者就问“汉与我，孰大?”这就是“夜郎自大”的由来。

2.黄瓜是绿色的，为什么叫“黄瓜”?

答：黄瓜最早被称为胡瓜。十六国时期的石勒（lè）为胡人，严禁所有人使用“胡”字，违者问斩不赦。有一次他指着一盘胡瓜问樊坦：“卿知此物何名?”樊坦回答道：“紫案佳肴，银杯绿茶，金樽甘露，玉盘黄瓜。”石勒听后，满意地笑了，自此以后，胡瓜就被称为黄瓜。

3.张骞出使西域从哪里出发的?

A.咸阳　　B.长安　　C.洛阳　　D.酒泉

4.以下哪些是陆上丝绸之路传进来的，请用“√”标注。

胡麻　大蒜　洋辣子　胡豆　洋火　洋柿子

海椒　胡桃　胡荽

答案：1.ABC　3.B　4.胡麻　胡豆　胡桃　胡荽

大汉·石刻

千年之前，汉人的生活被记录在一块块画像石上
有追求羽化成仙，有向往极乐世界的；有热情待客的，有庖厨宴饮的
包罗万象，涉及生活的各个方面
让我们一起走近这些石刻，走进汉人的生活，走进那段历史

棋局搏杀 引发动乱

名　　称：博局盘

用　　途：休闲娱乐

出土地点：汉阳陵王皇后陵园

馆藏地点：汉阳陵博物馆

汉景帝为太子时，与吴王世子刘贤下棋发生争执
投掷棋盘将其误杀
此事成为吴王刘濞（bì）谋反的原因之一

文物解密

博局又称“六博”
是秦汉时期盛行的棋类游戏之一
棋盘正中为一方框，周围有12个棋路
由双方进行模拟战场拼杀，以吃掉对方棋子为目标
具有极强的趣味性和策略性

太子刘启喜欢下棋，刘贤投其所好常与之对弈
一次，两人下棋时争吵起来，刘贤毫不退让
刘启更是不愿认错
直接拿起棋盘就向刘贤头上砸去
不料刘贤直接被打死了

吴王刘濞听到消息后非常悲痛
但他平静地说道：
“天下同一家，死在长安就葬在长安，何必送到吴国来葬”
刘濞派人将尸体送回长安安葬
此事为后来的七国之乱埋下了祸根

我的爷爷汉景帝刘启

汉惠帝七年（公元前188年），我的爷爷景帝刘启出生了，他作为嫡长子被立为太子。文帝后七年（公元前157年）六月继位，成为大汉王朝的第六位皇帝。爷爷继续实行与民休息、轻徭薄赋的政策，大汉王朝出现了盛世景象，史称“文景之治”。

爷爷为太子时，与吴王刘濞的儿子刘贤下六博棋。刘贤从小娇生惯养，性情蛮横，争强好胜，下棋时，为争棋路被爷爷用棋盘砸死，这为之后的七国之乱埋下了祸根。

爷爷继位后，听从老师晁错的建议进行削藩，蓄谋已久的吴王刘濞联合其他诸侯王进行叛乱，史称“七国之乱”。叛军打着“清君侧，诛晁错”的旗号向长安逼近，为了平息动乱，爷爷听从袁盎的建议，忍痛杀了老师晁错，但晁错的死并没有让动乱平息。爷爷不得不派周亚夫率兵平叛，周亚夫将军采取截断叛军粮道的战略，最终平定了叛乱。

爷爷在位时，坚持无为而治的思想理念，实行轻徭薄赋、与民休息的政策，使社会得到了快速恢复和发展。

政治上整顿吏治，宽省刑狱；
经济上轻徭薄赋，鼓励农耕；
军事上加强武备，平乱抚远；
外交上和亲通市，三次和亲。

后元三年（公元前141年）正月，爷爷的病情越来越重，在病中为爸爸（当时的太子刘彻）主持加冠典礼。不久，爷爷病逝于长安未央宫，时年48岁，葬于阳陵。

刘弗陵

永享皇权 帝国再现

汉阳陵是西汉景帝刘启与王皇后同茔（yíng）异穴合葬的陵园
始建于公元前153年，历时28年建成
总面积约20平方千米

1990年修建西安咸阳国际机场道路时发现陵园南区外藏坑
沉寂千年的帝陵惊现于世
历经30年的考古发掘，通过大量文物再现了“文景盛世”

陵园由帝陵、后陵、陪葬墓及大量外藏坑组成
目前证实外藏坑有86座
其中81条在封土周围呈放射状分布，其他5座在陵园东北部
考古发现了“甘泉仓印”“宗正”等多枚印章
据此推测这是刘启生前的服务机构和管理机构

第15号外藏坑出土了距今2100多年最古老茶叶

名　　称：塑衣式跽坐拱手俑

用　　途：陪葬

出土地点：汉阳陵

馆藏地点：汉阳陵博物馆

名　　称：塑衣式直立俑
用　　途：陪葬
出土地点：汉阳陵
馆藏地点：汉阳陵博物馆

名　　称：直立女俑

用　　途：陪葬

出土地点：汉阳陵

馆藏地点：汉阳陵博物馆

名　　称：彩绘舞蹈俑
用　　途：陪葬
出土地点：2021年陕西省泾阳县大堡子墓地
馆藏地点：陕西考古博物馆

名　　称：骑兵俑

用　　途：陪葬

出土地点：汉阳陵

馆藏地点：陕西历史博物馆

名　　称：彩绘跽坐俑

用　　途：陪葬

出土地点：汉阳陵

馆藏地点：西安博物院

名　　称：彩绘跽坐俑
用　　途：陪葬
出土地点：2021年陕西省泾阳县大堡子墓地
馆藏地点：陕西考古博物馆

少年将军 封狼居胥

名　　称：马踏匈奴

用　　途：陵墓石刻

馆藏地点：茂陵博物馆

匈奴是秦汉时期北方的游牧民族
时常南下侵扰，严重威胁汉朝的安全
汉武帝时期，卫青、霍去病痛击匈奴，确保了大汉的安宁

晨 晨 老师，这马肚子下面好像有个人？

讲 师 对，你说得对，这是一个仰卧的匈奴人。你看他头发胡须蓬松零乱，左手握弓，右手持箭，双腿蜷曲，正在狼狈挣扎，显得惊慌失措，声嘶力竭，不甘心就缚，却又无可奈何。

晨 晨 为什么会雕刻成这个样子呢？

讲 师 这是霍去病墓前的一件石刻，是他征战匈奴的真实写照，象征着霍去病为大汉王朝立下的赫赫战功，是一件国宝级文物。

晨 晨 好的，明白了。

局部效果图

兵马未动 粮草先行

卧牛

茂陵博物馆藏

卧牛：位于霍去病墓前，它双目圆睁，鼻孔肥大，嘴巴宽厚，回首仰望，神情宁静，显示出坚忍耐劳、质朴敦厚的性格。它卧而不眠，有着和战马类似的警觉张望的神情。

从牛背上的线刻可知，战场上的胜利不仅取决于兵强马壮，还依赖于后方充足的物资供应。卧牛这一形象充分体现了“兵马未动，粮草先行”的深刻意义。

霍去病档案

基本信息

姓　名 霍去病

职　业 军人

生　卒 公元前140～前117年

住　址 大汉长安城

陵　墓 汉武帝茂陵陪葬墓

名　言 匈奴未灭，何以家为

功　绩

取得了定襄北之战、河西之战、漠北之战的胜利。

经　历

1.17岁任剽姚校尉，率领八百骑兵深入大漠，两次功冠全军，封冠军侯。

2.19岁时升任骠骑将军，河西之战歼灭和招降匈奴近10万人，俘匈奴祭天金人，直取祁连山，占领河西走廊。

3.24岁病逝，陪葬于茂陵。

评　价

霍去病少年骁勇，屡建奇功，官至大司马，传奇一生却又不幸英年早逝。他奋发有为的气势和强烈的爱国报国精神为后世敬仰。

残石不朽 经典永续

名　　称：熹平石经

用　　途：儒家经典刻石

馆藏地点：洛阳博物馆

汉武帝采纳了
董仲舒“罢黜百家，独尊儒术”的思想
儒家书籍成为官方的教科书，作为判断是非标准与决策的依据

文物解密

汉朝教育以儒家五经为主，为了统一教材
汉灵帝派蔡邕等人把《鲁诗》《尚书》《周易》《春秋》
《公羊传》《仪礼》《论语》刻于46块碑石之上
史称《熹平石经》
因立于洛阳太学门前，又称《太学石经》
《熹平石经》是中国历史上最早的官定儒家经典刻石

石经刻成之时，轰动整个洛阳，乃至全国
史料记载：
“其观视及摹写者，车乘日千余两（辆），填塞街陌”
时常造成交通堵塞

《熹平石经》因战乱遭到毁坏
目前收集到46块残石，约8000字
残石现存于
国家图书馆、西安碑林博物馆和洛阳博物馆

汉朝教育体系
- 官学
  - 中央官学
    - 太学
    - 鸿都门学
    - 宫邸学
  - 地方官学
    - 郡国——学
    - 县道邑——校
    - 乡——庠
    - 聚——序
- 私学
  - 书馆
  - 经馆

郡国教育以传授经学和实施教化为主，培养国家管理人才；私学以教授《孝经》《论语》为主，进行启蒙教育。

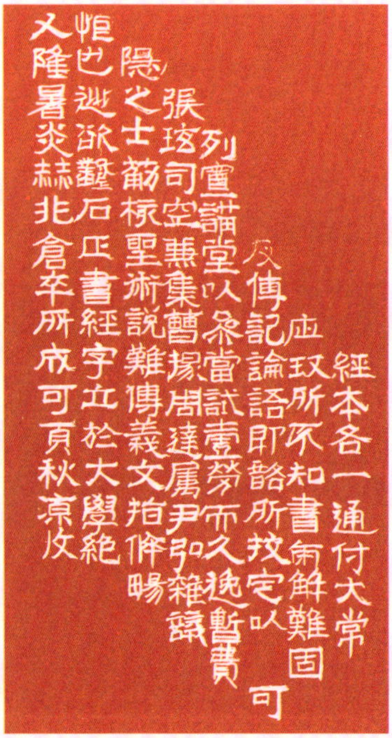

碑文

经本各一通付大常诸
字□毁所不知书□□难固
及传记论语即□所□□以□可
列□讲堂以□当试壹劳而久逸暂□
张玹司空兼集曹口周连属尹□□义
隐之士□□圣术说难传义文拾□□
□也迎欲□石□书经字立于大学绝
义隆暑炎□北仓卒所成可须秋凉□

汉砚是研磨器的延伸

名　　称：漆盒石砚

用　　途：文房用具

出土地点：1978年山东省临沂市金雀山

馆藏地点：中国国家博物馆

砚台最初被称为“研磨器”，是最早的书写用具之一
当时最常见的是一种长方形平板砚，砚堂平整，方便研墨

文物解密

汉代的砚台由砚底和研子组成（部分有盖）
研子是汉代砚台必备的一部分
是一块精雕的石头，为上圆下方状

汉代刘熙《释名》中记载：“砚，研也，研墨使和濡也”
汉代的制墨工艺处于初级阶段，不够成熟，
制作的墨为丸状，比较松散
使用时，将墨丸放于有水的砚面上，手捏研子进行研磨
不用时，就将砚盖盖上
可以防止墨快速蒸发，也可以防止灰尘落入

除了书写用的砚台以外
汉代还出现了汉代女子画眉用的黛砚
写字，不仅需要好纸，还需要好墨
更需要一方好砚，因此砚台成为文人的必备品
苏轼、黄庭坚、米芾（fú）等人因得一方好砚，而千古留名

随着历史的发展
砚台成为一种集“实用性、艺术性、文化性”的精美艺术品
成为文人墨客追逐的焦点
现在，砚台已经成为最具收藏价值的艺术品之一
中国四大名砚
甘肃洮州的洮河砚，广东肇庆市的端砚
安徽歙（shè）县的歙砚，山西新绛县的澄泥砚

创世之神 人文先始

名　　称：伏羲（xī）女娲图（拓片）

用　　途：墓葬石刻

出土地点：1995年河南省商丘市永城县太丘蔡庄

馆藏地点：徐州汉画像艺术博物馆

女娲是上古神话中的女神
相传以黄泥仿照自己抟（tuán）土造人
因天塌地陷以彩石补天，留下了女娲补天的神话传说

文物解密

画像石左侧为伏羲，头戴小冠
右侧为女娲，头插发笄（jī）
合体交尾，暗含他们是夫妻关系

下方两个小人为人首蛇身，应该是他们的后代
寓意繁衍生息
汉代将伏羲、女娲看成是人类的始祖神
常常出现在汉画像石中
被后世奉为媒神，主管婚丧嫁娶

女娲形象拓片

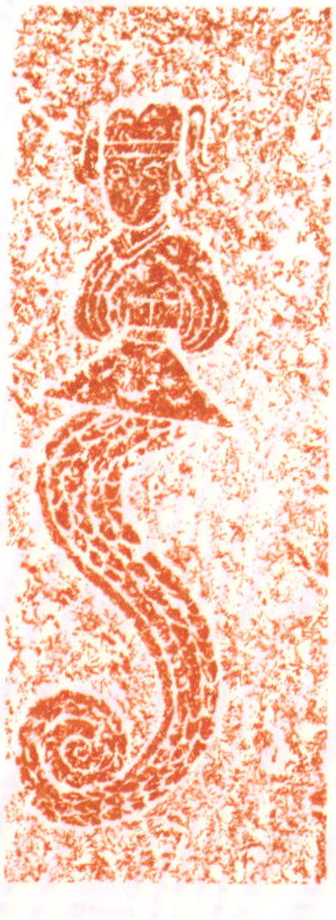

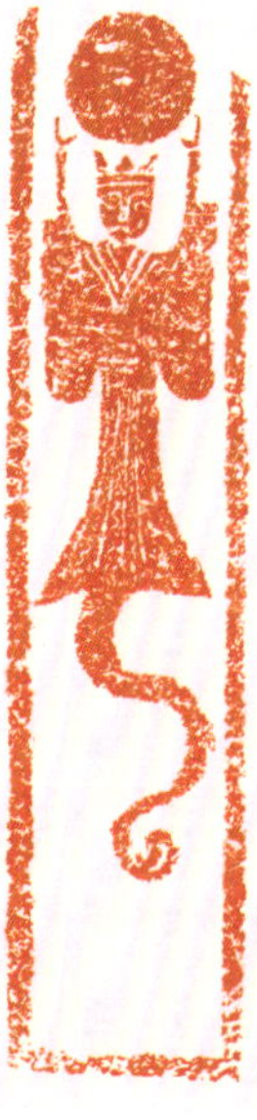

中华神农氏

名　　称：炎帝采药图（拓片）

用　　途：墓葬石刻

出土地点：江苏省徐州市铜山区苗山汉墓

馆藏地点：徐州汉画像石艺术馆

炎帝不仅是农神，还是药神
在《炎帝采药》石刻中
右上角有一轮明月，月亮上有玉兔和蟾蜍（chán chú）
左上角的炎帝头戴斗笠、身披蓑衣，下方神牛衔灵芝草药

文物解密

在人类生活中，粮食维持生命，医药拯救生命，其重要性不言而喻。而作为传说中的创始者，神农氏一直受到人们的尊敬。

到了汉代，农业已经很发达，男耕女织的生活与生产方式早已形成，画像石中表现耕种和纺织的画面也很多，这本身就是一种教化和宣传，人们自然不会忘记神农。

徐州市苗山汉墓出土的《神农采药》石刻中，神农的装束可能是汉代农民的打扮：头戴竹笠，身披蓑衣，手持耒耜（lěi sì），牵着一只形似孔雀的凤凰足践百草，下边是一头有翼的神牛口衔灵芝草药，说明他是在采药。炎帝成为传说中农业和医药的创始者。

汉《月宫图》石雕

虚心好学 不耻下问

名　　称：孔子问师图（拓片）

用　　途：祠堂石刻

出土地点：1998年江苏省徐州市邳州

馆藏地点：徐州汉画像石艺术馆

都是车子躲城，哪里会有城躲车子的
孔子被问得无言以对，绕城而过
这就是“神童”项橐（tuó）

文物解密

画像石上半部分为《东王公出行图》，东王公戴冠端坐，前面有只玉兔正在捣药，背后有一个羽人为他执掌华盖，旁边是一只青鸟，下方是象征东方的青龙，为东王公的坐骑。

画像石下半部分为《孔子问师图》，孔子俯身同项橐谈话，项橐仿佛在发表什么高见，然而他毕竟只是个7岁的孩子。画面中最大的特色是项橐推着一个独轮小鸠（jiū）车。

一天，孔子坐车赶路时，在路中间玩土堆城的一帮小孩看到车子过来，赶紧躲开，唯独一个叫项橐的小孩子原地不动。

孔子好奇，下车问项橐：“你为什么看到车子不躲闪？”项橐不卑不亢地回答说：“我听说过您，知道您懂很多知识，而且通人情、懂道理，但今天一看却发现您这个人不怎么样。”

孔子正想再问时，项橐不给对方反驳（bó）的机会，直接说道：“从古至今，都是车子躲城，哪里会有城躲车子的？”面对项橐的提问，孔子无言以对，众人无话可说，绕城而过。后来孔子才知道，这个小孩名叫项橐，是当地有名的神童。

汉《孔子问师图》石雕拓片

来者皆是客

名　　称：庖厨宴饮图（拓片）

用　　途：墓葬石刻

馆藏地点：徐州汉画像石艺术馆

《庖厨宴饮图》是主人生前真实生活的写照
是主人高贵身份的体现
是了解汉代厨房用具、膳食结构等饮食文化的重要史料

文物解密

《庖厨宴饮图》由三部分组成。最下层是忙碌的厨房，左边1个人在灶前烧水，旁边有1个人在往锅里放食物；中间有3个人，1个人在淘洗食物，1个人拿着圆盘，1个人在切肉；右边有1人在水井取水。中间画面有6个人端坐，栏杆中间阙（què）道有2个侍者捧着食物。上层的画面是宴饮的场景，屋内榻（tà）上有4个人正在宴饮，旁边各有两个侍从，屋顶有凤凰飞舞，可以看出厨房的布置、使用的炊具厨具、制膳原料以及厨师的具体操作等，生动直观地表现了汉代庖厨宴饮的场景。整块画像石展现了主人奢华的生活及高贵的身份。

宴饮是维系情感、表现礼仪的重要方式，其中的文化内涵丰富而深刻。宴会礼仪有严格的规定，从食材菜单的选用，到宴饮娱乐活动的安排，等级森严的理念表现得淋漓尽致。宴饮也成为等级分化的标志：上层贵族希望通过宴会，一方面提升自己的威望，获取拥戴，巩固权力；另一方面彰显自己高贵的身份和丰硕的财富。

宴客图拓片

大汉·科技文化

汉朝在农业、科技、数学、医学等方面取得的成就令世界瞩目

有些成就领先世界近千年

铁器、牛耕、水利的发展极大地推动了农业发展

构思精妙的环保灯至今令人称赞

“十进制”记数法的发明让中国乃至世界数学得到了进一步发展

让我们一起了解汉朝取得的伟大成就

取光藏烟 环保杰作

名　　称：彩绘青铜雁鱼灯

用　　途：照明

出土地点：1985年陕西省榆林市神木市

馆藏地点：陕西历史博物馆

取光藏烟

体现了“择一事，爱一生”的匠心

是一件集实用性、艺术性、文化性于一体的艺术精品

晨　晨　你好，我看你就是一只大雁，怎么是一盏灯呢？

雁鱼灯　我是一盏灯，造型像大雁，你看我脖子弯回来，嘴里衔着一条鱼，而鱼肚子底下有个灯罩，下面有一个可以转动的手柄。当灯点燃以后，既可以调节灯光的方向，也可以挡风。当时身上绘有颜色，非常漂亮。

晨　晨　为什么要做成这种样子呢？

雁鱼灯　古代没有电，灯是用动物的油脂做的，点燃的时候会产生大量的烟，烟首先会在鱼的肚子里收集，然后通过大雁的脖子，再进入大雁的肚子里，大雁肚子里的水把烟吸收了，保证了房子里的空气清新干净。是不是很环保呢？

晨　晨　对，真有意思。那灯罩上面为什么要做成鱼的样子呢？

雁鱼灯　过年的时候，我们经常提到鱼，鱼代表了什么？

晨　晨　哦，年年有“余”（鱼）。老师讲过，鱼也有多子多福的意思。真是太有创意了，这个工匠很厉害。

雁鱼灯　这充分体现了“择一事，爱一生”的匠心精神。我是一件很实用的环保灯，也是一件拥有美好寓意的灯，是一件实用性、艺术性、文化性相结合的艺术精品。

晨晨　目前就只有你一个吗?

雁鱼灯　不是，我还有好几个同伴呢，它们分别在中国国家博物馆、山西博物院、洛阳博物馆、江西省博物馆。你到时候去了，一定要看看它们。

晨晨　好的，么麻哒(陕西方言：没问题)。

史料知库

鱼在古代象征着富足美满、多子多福，大雁象征着夫妻恩爱、诚信守则，这样的组合表达了人们追求美好生活的愿望。大雁同时体现了传统文化中的“仁义礼智信”。

灯柄

仁：雁以群居而生，当出现受伤、生病的雁时，其他雁会照顾它，绝不会弃之不顾。

义：雁雌雄相配，从一而终，其中一只死亡，剩下的那只雁到死也不会再找别的伴侣。

礼：雁飞行时排成“一”字形或“人”字形，由一只雁引领，其他雁就不会随意乱飞。

智：雁落地歇息时，雁群外围会有一些雁负责警戒，一旦有敌人或者猎人靠近，警戒的雁便会发出警示，群雁就会立刻飞到空中进行躲避。

信：雁因季节变化而南北迁徙，从不爽期。春暖花开时，便从南方飞回到北方，秋天又飞到南方过冬，因此秋天也称为雁天。

结构示意图

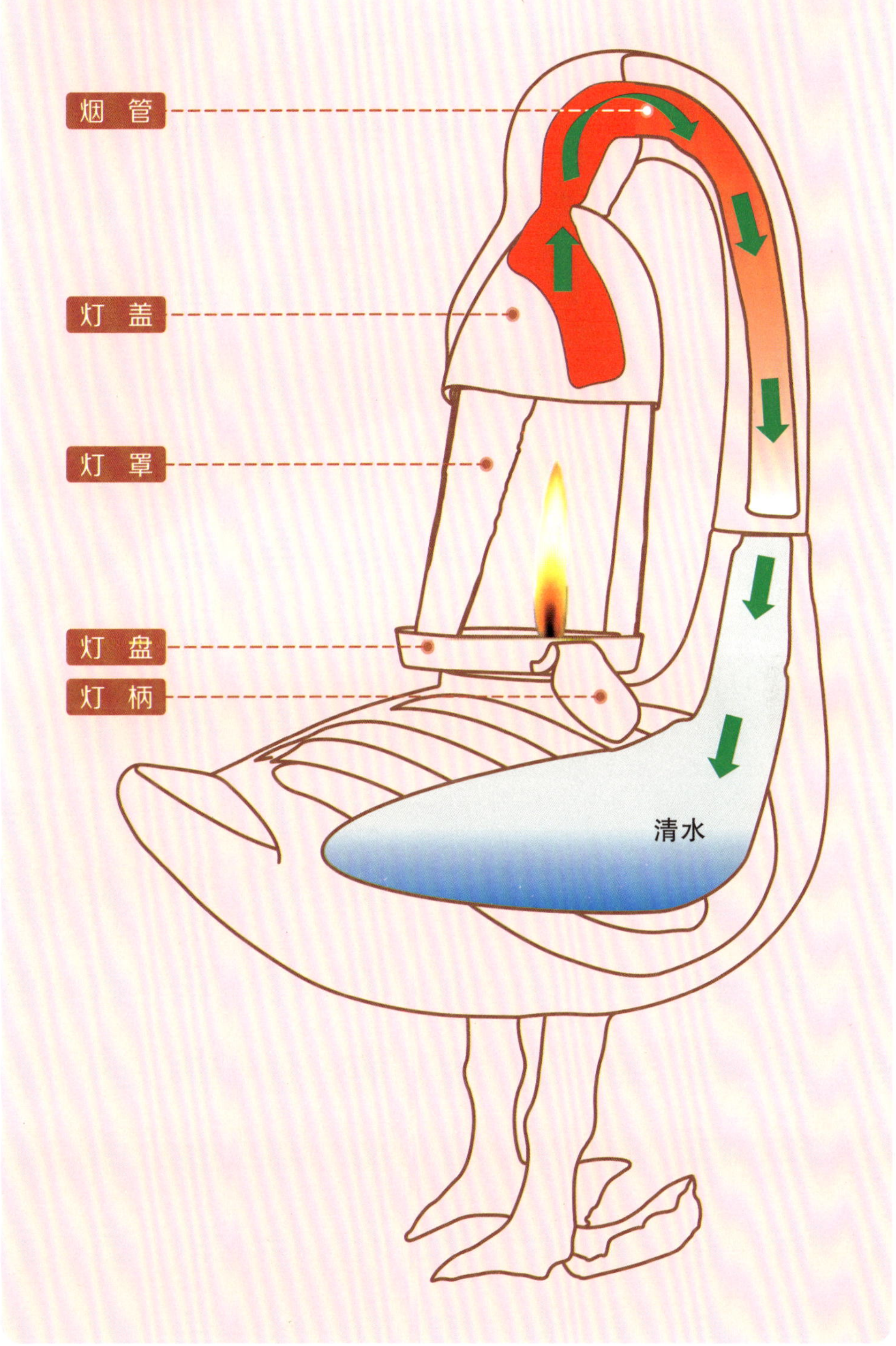

大雁回首衔鱼

北京冬奥会火种灯设计思想来源

名　　称：长信宫灯

用　　途：照明

出土地点：1968年河北省保定市满城县汉墓

馆藏地点：河北博物院

人类的照明经历了堆火、火把、油灯、电灯
早期的灯不仅光线暗，还会产生大量黑烟，污染空气
环保灯既可以保持室内空气清新，还可以增加发光强度

讲 师 我们现在看到的这盏灯被誉为“中华第一灯”。

这是谁的呀？**晨 晨**

讲 师 从“长信尚浴”“阳信家”“窦（dòu）”等65个文字得知，阳信夷侯刘揭、窦太后和窦绾3人都先后用过此灯。

老师，这个灯的外形是一位女性对吗？**晨 晨**

讲 师 对。这是一位年轻的宫中侍女，通体鎏金，身穿汉服，跽坐状态，头戴巾帼（guó），眉眼细长，表情恭谨。她左手托灯盘，右手持灯顶，袖口下垂形成灯罩，灯盘带有手柄。转动时，两片弧形挡板可随意开合，以此控制灯光的方向和亮度。

那它为什么要做成这种样子？**晨 晨**

讲 师 最重要的是为了环保。宫女身体中空，灯点燃后，烟经过右臂进入体内，体内有水，水把烟稀释了，保证了房间空气的清新。

那长期使用，里边的水是不是特别脏？**晨 晨**

讲 师 水可以随时更换。这盏灯由身躯、头部、右臂、灯座、灯盘以及灯罩六个部分组成，分别铸造后，再组装在一起，方便携带和清洗。这种发明创造令人惊叹，在当时世界灯具史上处于领先的地位。

晨　晨　古人真是太聪明了，这盏灯不仅非常环保，还很有艺术美。

讲　师　长信宫灯不仅可以防止空气污染，又有很强的审美性，其环保理念体现了古代人民的智慧。

结构示意图

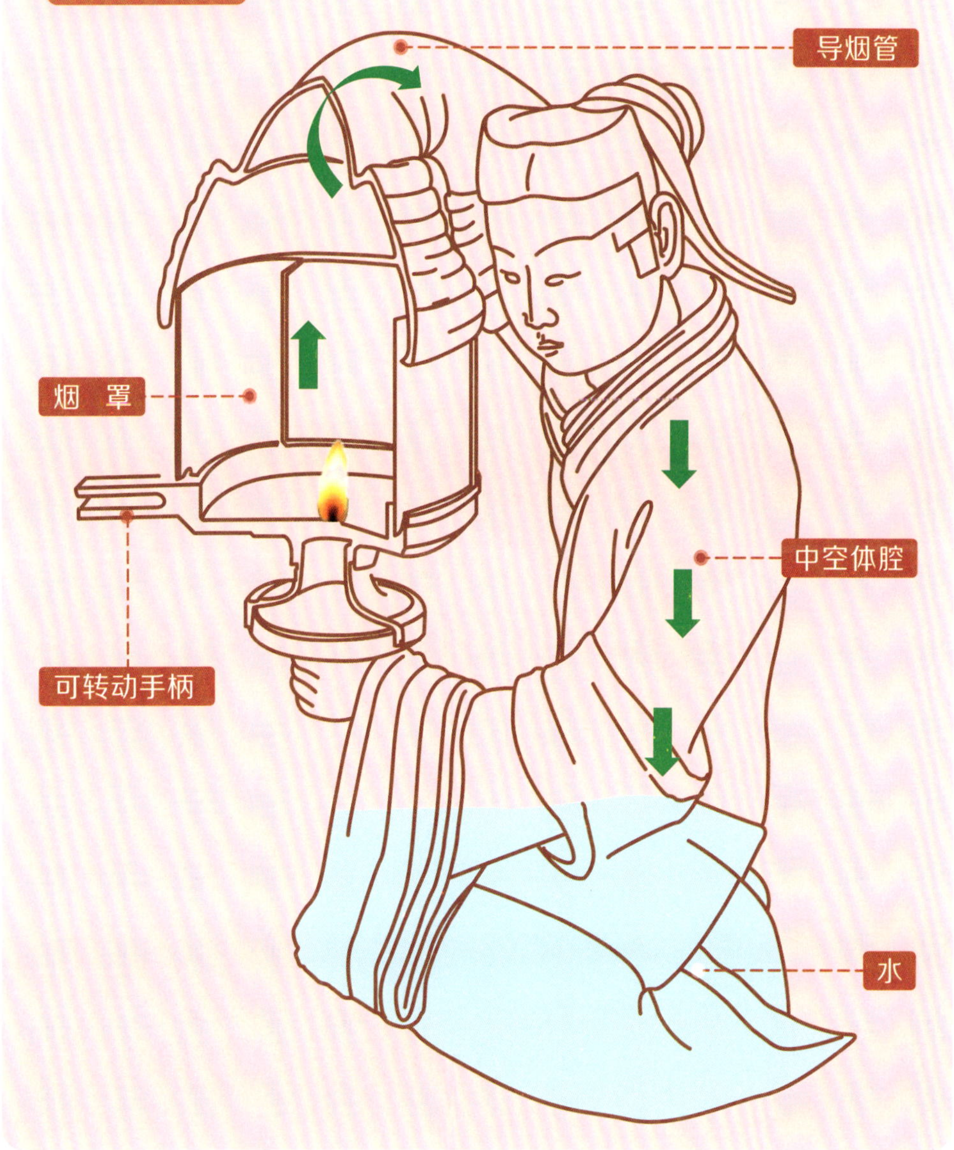

匠心构造 环保实用

名　　称：西汉羽纹青铜凤灯

用　　途：照明

出土地点：1971年广西壮族自治区北海市合浦县

馆藏地点：广西壮族自治区博物馆

环境污染
是目前全球面临的一个重要问题
中国人早在2000多年前就已经有了防治空气污染的理念

2022年10月4日　星期二　雨

羽纹铜凤灯，1971年广西壮族自治区北海市合浦县望牛岭1号墓出土，高33厘米，长42厘米，宽15厘米，呈凤鸟回首形，双足分立，尾羽下垂着地，足与尾形成三个支撑点。通体细刻羽毛，精致美观，头、冠、颈、翅、尾、足各部位轮廓清晰。

凤鸟背部的圆孔用来放置长柄灯盏，凤鸟口内衔喇叭形灯罩，垂直对准灯盏上方。灯罩与凤脖子、肚子相通，肚子里面有水，当灯点燃时，烟会经灯罩进入脖子，再由脖子进入肚子，最后溶入水中。凤鸟脖子由两段套管衔接组成，可自由转动，也可拆卸，便于调节灯光和更换体内污水。

结构示意图

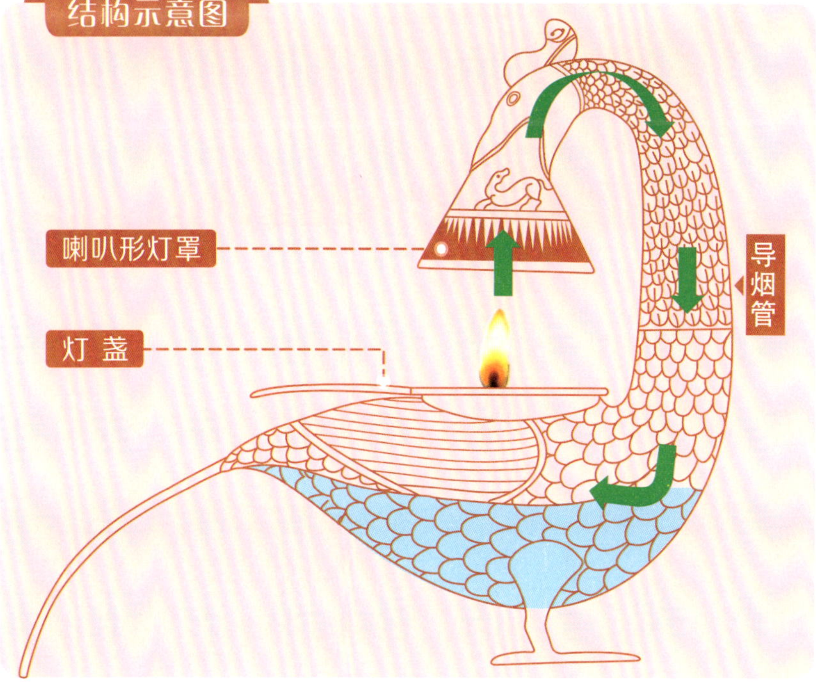

源于生活的艺术

名　　称：鎏金羊形铜灯

用　　途：照明

出土地点：陕西省西安市郊区

馆藏地点：西安博物院

“羊灯”是一盏羊形的灯，用于照明。“羊”与“祥”谐音，有美好、吉祥的祈愿。

羊造型为跪姿，背部为盖，使用时将盖子翻到羊头上作为灯盘点灯。白天将盖子合起就成了一件艺术品。汉墓中经常发现这种结构的灯，充分体现了汉朝独特的匠心精神。

西汉·铜牛灯

牛是农耕文明的标志之一，是勤劳的象征，广泛用于农耕和交通等领域。牛灯的构思原理与羊灯的原理一致，现藏于陕西历史博物馆。

薄如蝉翼 技艺巅峰

名　　称：素纱禅（dān）衣

用　　途：衣物

出土地点：1972年湖南省长沙市马王堆汉墓

馆藏地点：湖南博物院

素纱禅衣薄如蝉翼，只有49克
以“轻、薄”而闻名
是汉朝养蚕、缫（sāo）丝和织造工艺的最高水平

文物解密

1972年在马王堆汉墓发现了
长沙国丞相利苍夫人辛追的素纱禅衣
衣以素纱为原料，交领右衽（rèn）
衣领和袖口边缘用织锦进行装饰
无颜色、无衬里，称为“素纱禅衣”

“素”是没有染过颜色，没有花纹的意思
“纱”是衣裳的材质
“禅衣”又称“单衣”，为单层的长衣
也就是一件纱质的，没有染过色，没有花纹的单层长衣

这件素纱禅衣用料约2.6平方米，仅重49克
每平方米用纱12克，轻薄透亮、质地轻盈
是目前发现保存最完整、年代最早、工艺最精细的丝织品
为研究我国丝织工艺及服饰历史提供了重要的实物资料

汉服·明宪宗元宵行乐图局部

汉服

汉服，全称是“汉民族传统服饰”
从黄帝即位开始到明朝末年
在汉民族的聚居区形成了具有独特风格的传统服装和配饰体系
成为“礼仪之邦”“锦绣中华”“衣冠上国”的体现

汉服不仅承载着
纺织、蜡染、夹缬（xié）、锦绣等传统工艺及中华民族的美学思想
还是中华礼仪文化的重要组成部分

在《马王堆三号墓遣册》之上出现“汉服”一词
“美人四人，其二人楚服，二人汉服”
这是目前关于“汉服”最早的文物记载

《春秋左传正义》记载：
“夏，大也。中国有礼仪之大，故称夏；有服章之美，谓之华”
“华夏”一词蕴含了深深的文化内涵
汉服成为华夏文化重要的载体与表现形式

汉服的基本特点是
“交领右衽、上衣下裳、长袖宽衣、绳带系结”
由领、襟、衽、缘袂（mèi）、衿（jīn）、祛（qū）
裾（jū）、带等组成

历经千年的丰富和完善
每个朝代的服饰各具时代特色
日本的和服、韩国的韩服等都是由汉服演变而来的

汉服结构及制度

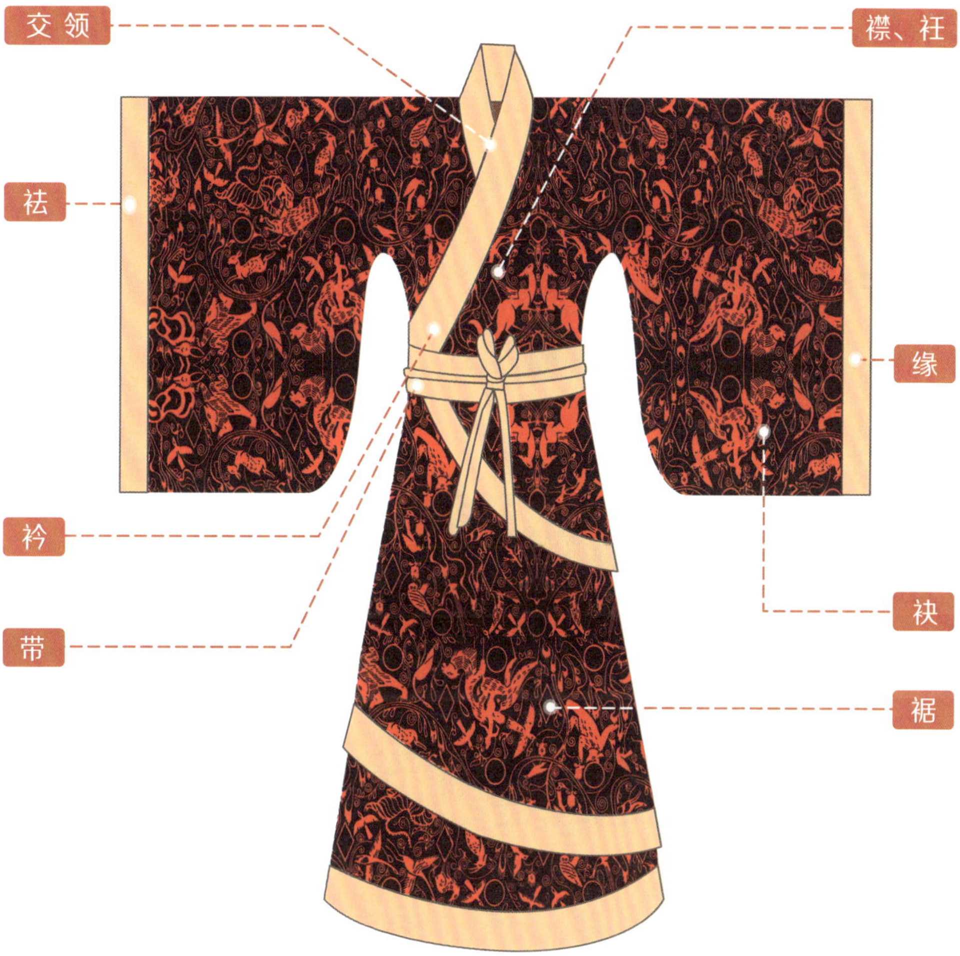

汉服是由发式、首服、面饰、衣裳、鞋履及配饰等组合的完整的衣冠系统。历经4000多年的发展，形成了各种仪礼服饰。冕服是重要的汉服之一，最能体现“天人合一”的思想，是汉人祭祀天地、先祖时的重要服饰。

《历代帝王图》局部／唐·阎立本／美国波士顿美术馆藏

冕服：帝王祭拜天地、宗庙，册立太子，新皇登基等重大典礼时所穿的最正式的礼服。

汉服／朝服／在大祀、传制等重大典礼时所穿的礼服

明朝时，画家沈俊为陆树声绘制的《陆文定人物画册》是了解汉服的珍贵史料，现藏于美国普林斯顿大学艺术博物馆。

汉服／祭服／参加祭祀时所穿的服饰

汉服／公服／官员上朝时所穿的服饰

汉服/常服/日常办公时所穿的服饰

汉服／燕服／非公共场合所穿的休闲服饰

汉服/行服/明朝60岁以上没有过失的政府官员所穿的服饰

汉服／道服／明代汉人男子居家时所穿的外衣

农业文明的标志之一

名　　称：铁辟（pì）土

用　　途：农具

出土地点：陕西省宝鸡市陇县

馆藏地点：陕西历史博物馆

铁辟土是耕地时帮助翻土、碎土的装置
铁农具、牛耕、水利、代田法等促进了西汉农业的发展

文物解密

农业是国家的根本，历代统治者对农业发展极为重视，铁农具、牛耕、水利、代田法成为西汉农业发展的标志。西汉农学家赵过发明的播种耧车，大大提高了播种效率。“代田法”精细耕作确保了粮食产量，汉朝的粮食储量达到了前所未有的水平。

代田法示意图

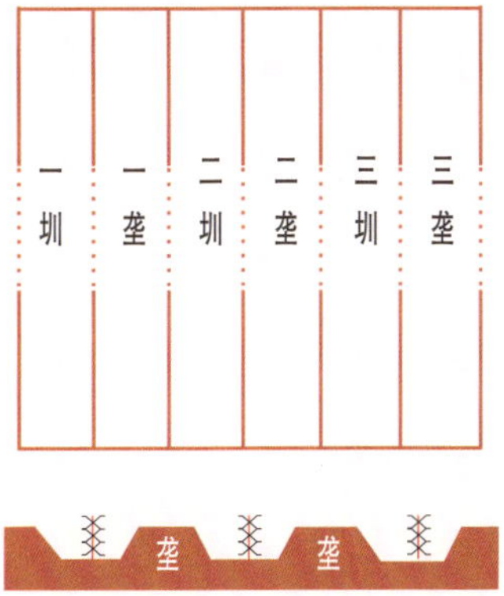

“代田法”是古代一种科学合理的耕作方式。是将一亩地划分成三垄和三圳，将种子种在圳里，当种子长成幼苗时，将垄上的土推下，这样可以抗风旱增产。第二年圳和垄进行位置轮换，年年互换，这样土地可以得到休息，保证肥力，提高粮食产量。

在汉朝，铁农具得到了精细化的发展，有翻土碎土的、除草收割的，各种农事需要的农具都有。

铁插头

陕西历史博物馆

铁撅（juē）头

陕西历史博物馆

农为邦本 百业之首

名　　称：“昌邑籍田”青铜鼎

用　　途：礼器

出土地点：2015年江西省南昌市海昏侯墓

馆藏地点：南昌汉代海昏侯国遗址博物馆

“昌邑籍田”青铜鼎
是我国首次发现的关于西汉诸侯王国“籍田”礼仪的实物资料
体现了以农为本、重视农业生产的思想

文物解密

“昌邑籍田”青铜鼎为两耳圆腹三足状
腹部外侧有7行15字铭文
“昌邑籍田铜鼎，容十斗，重卌八斤，第二”

“籍田”是汉朝关于农耕的重要仪礼活动
目的在于“祈年”和“劝农”
从汉文帝刘恒开始
每年正月都要在长安举行盛大的籍田礼
皇帝祭祀先农之后亲自扶犁耕田，在长安的官员都要参加
共同祈愿风调雨顺、五谷丰登

农业贯穿了整个中华民族的历史
是每个朝代的根本
劳动人民积累了丰富的经验，留下了许多著名的著作
《氾胜之书》《齐民要术》《农书》及《农政全书》
被称为中国古代四大农书

《氾胜之书》是西汉晚期氾胜汇编的一部农学著作
收集了黄河中游地区关于选种、育种、栽培、耕作的农业知识
总结了农业生产经验，极大地促进了农业发展

贾思勰（xié）所著的《齐民要术》
是一部综合性农学著作，也是中国现存最早最完整的农书

全书10卷92篇
全面系统地总结了6世纪以前黄河中下游地区
农业生产经验、食品加工与储藏及土壤、季节、气候与农作物的关系
被誉为“中国古代农业百科全书”

《王祯农书》和《农政全书》也是重要的农学著作
收录了中国南北方以及西方的耕作经验
其中的“荒政”部分
记载了劳动人民与自然灾害斗争的经验以及历代救荒措施与政策
明朝宋应星的《天工开物》收录了农业、手工业等生产技术
是世界上第一部关于农业和手工业生产的综合性著作
也是中国古代一部综合性的科学技术著作
被外国学者称为“中国17世纪的工艺百科全书”

当代农业专家袁隆平
在杂交水稻技术的研究、应用与推广方面贡献巨大
为中国乃至世界粮食增产作出了巨大贡献
被誉为“杂交水稻之父”

史料知库

夫积贮者，天下之大命也。苟粟多而财有馀，何为而不成？以攻则取，以守则固，以战则胜。怀敌附远，何招而不至？今驱民而归之农，皆著于本，使天下各食其力，末技游食之民转而缘南亩，则畜积足而人乐其所矣。可以为富安天下，而直为此廪廪也，窃为陛下惜之！

于是上感谊言，始开籍田，躬耕以劝百姓。

——《汉书·食货志上》

史料链接

春秋时期

鲁国成为齐国称霸道路上的障碍

相国管仲建议齐桓公带头穿鲁国缟布做的衣服

并下令全国的官员、百姓也都要穿缟布做的衣服

一时，缟布的价格飞涨，每一千匹缟可获利三百

鲁国百姓看缟布利润比种地要高

都放弃种地在家织布

导致鲁国的田地无人耕种，尽是荒草，粮仓也是空空如也

1年后，管仲让齐桓公下令

齐国人不得再穿缟布衣服，鲁国商人不得在齐国售卖缟布

此时

鲁国的缟布堆积如山

整个国家陷入大面积的饥饿当中

鲁庄公派使者到齐国借粮

管仲趁机迫使鲁国签下了臣服齐国的条约

史称“齐纨（wán）鲁缟”

不费一兵一卒，管仲用贸易战战胜了鲁国

管仲还用同样的方法

高价收购楚国的生鹿和衡山国的器械

最终制服了楚国，吞并了衡山国

以史为鉴

任何时期，粮食安全不容忽视

神奇有趣的数学

名　　称：算筹

用　　途：计算工具

出土地点：1983年陕西省安康市旬阳县佑圣宫汉墓

馆藏地点：陕西历史博物馆

马克思曾说“十进位记数法”是最妙的发明之一
古代的算筹记数法用9个数字就可以表示任意自然数的十进位制
这是中国古代数学在计算方面的卓越成就
是世界数学史上一个伟大的发明

文物解密

据考古证实
算筹一般为13～14厘米同样长短和粗细的小木棍
一套约270枚
集中装在一个布袋内随身携带
使用时,在桌子上按照“十进位制”进行计算

“十进位制”包含两层意思
一是“十进制”，也就是每满十个数进一个单位
十个一进为十，十个十进为百，十个百进为千……
二是“位值制”，就是每个数字表示数值
不仅取决于这个数码本身
而且取决于它在计数中所处的位置
如数字“8”
放在个位上表示8，放在十位上表示80
放在百位上表示800，放在千位上表示8000……

在计数法中以纵横两种排列方式表示
表示单位数字时
其中1～5用算筹以纵横的方式排列相应数字
6～9以上的数字则在上面或下面加算筹表示
表示多位数时
个位用纵式，十位用横式，百位用纵式，千位用横式
以此类推，遇零则置空

横排表示

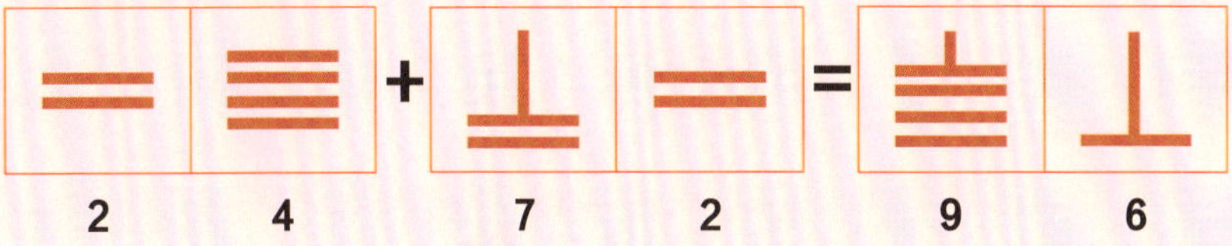

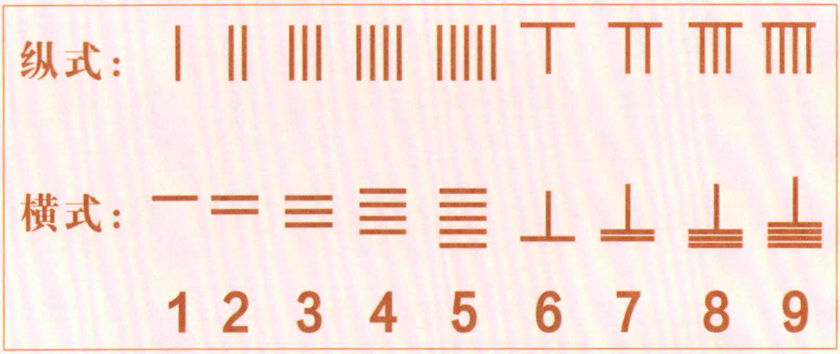

随着历史的发展

算筹最终被算盘取代，算盘成为计算工具史上一次重大变革

算盘上面的一珠当五，下面每一珠当一

这与算筹的表现方式一致

使用时，打算盘的人按照口诀拨动算珠进行计算

能够快速计算出结果

充分体现了算盘存储数字的功能

进行加减计算时，比电子计算器速度还快

算盘

不仅使用方便、结构简单，而且便于携带

在中国人的生活中长期发挥着重要作用

成为电子计算器出现以前最普遍的计算工具

植物纤维纸

名　　称：灞桥纸
用　　途：书写载体
出土地点：1957年陕西省西安市灞桥区
馆藏地点：陕西历史博物馆

灞桥纸是西汉时期的一种纸
因在西安东郊的灞桥被发现，因而命名为“灞桥纸”
是一种植物纤维纸

文物解密

灞桥纸以大麻纤维、苎（zhù）麻为原料
经过切断、蒸、煮、舂（chōng）、捣、抄、造等工艺制作而成
灞桥纸色泽暗黄、平整柔软，有一定韧度
在灞桥纸发现之后
在甘肃天水发现了“放马滩纸”，敦煌发现了“麻纸残页”

蔡伦
湖南郴（chēn）州人，东汉时期的中常侍、尚方令
尚方是主管皇宫制造业的机构
这里的能工巧匠是当时制造业最高水平的代表
为蔡伦提供了一个极好的平台

蔡伦让工匠们把破麻布、树皮、旧渔网切碎剪断
放在水池中浸泡一段时间后
其中的杂物就会烂掉，而纤维保留了下来
捞起之后放入石臼（jiù）中，不停搅拌，直到变成浆状
再用竹篾（miè）捞起，晾干之后就变成了纸
被称为“蔡侯纸”
这种纸取材广泛、价格低廉、轻薄柔韧
实用性非常强
汉和帝看到蔡伦造的纸非常高兴
诏令天下推广使用

蔡伦改进的造纸术成为中国古代“四大发明”之一
沿着丝绸之路经过中亚传遍世界
对世界文明的传承和发展有着不可磨灭的贡献

草药银针 中华医学

名　　称：医工盆

用　　途：药具

出土地点：1968年河北省保定市满城县汉墓

馆藏地点：河北博物馆

中医，中华民族的瑰宝
古老的医学贯穿了整个中华民族的历史
形成了具有独特魅力的东方医学

文物解密

河北满城汉墓发现了
9枚医针、医工盆、铜药匙、药量等
是目前发现时间最早、保存最完整的一套医疗器具

9枚医针中有4枚金针、5枚银针
长6.5～7厘米，直径0.12～0.18厘米
与《黄帝内经·灵枢》中关于“九针”的记载基本一致
是目前发现的最早的金属医针

一个铜盆口沿刻有“医工”二字
内有一处修补的痕迹
说明此盆是平时医工的专用器具
与《治百病方》记载的药物青铜器要求基本一致
是目前发现的年代最早且有明确标注的器具

铜手术刀、水晶砭石、铜药匙、铜药量、铜捣药杵等成套出现
说明汉朝已经拥有比较完备的疾病治疗体系

局部示意图

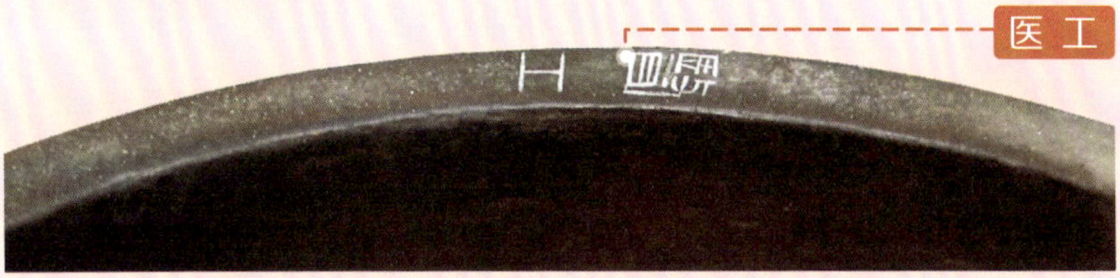

中华医学

中医药是中华民族的瑰宝
是中华民族与疾病抗争总结出来的宝贵经验
形成了中医理论和中药学

一根针、一把草、一套综合疗法就能治病救人
《中国疫病史鉴》中记载：
从西汉到清末的2000年里，中国至少爆发过321次流行疫病
每次瘟疫都是被中医解决的

中医在原始社会就已产生
春秋战国时期已形成基本的理论体系
有砭石、汤药、针刺、艾灸、导引等治疗方法

远古时期
人们发现吃了某些动植物后，可以减轻或消除病痛
一个叫神农的人开始了探索
“神农尝百草，一日遇七十二毒”
这种勇于探索的精神一直激励着后人

《黄帝内经》的问世
形成了对人体生理、病理、诊断及治疗的系统认识
是现存最早的一部中医理论性医学巨著

扁鹊
春秋战国时期的名医，擅长治疗各种疾病
开启了“望、闻、问、切”的诊断方式

《神农本草经》系统地总结了东汉以前医者各方面的用药经验

对当时的药物知识进行了一次全面系统的整理
共收录药物365种，成为中国第一部药物学专著

张仲景
东汉末年著名医学家，被称为“医圣”
他广泛收集医方，著成《伤寒杂病论》
确立了中医辨证论治的法则
奠定了中医治学的基础，促进了中药方剂治法的应用发展

华佗
东汉末年著名的医学家
发明了“麻沸散”进行临床麻醉，比西方的麻醉剂早了1600多年
中医外科手术的出现使中医的临床治疗有了重大进展
他创办了中国第一套广播体操“五禽戏”
开创了全民健身运动的先河

人体经穴漆俑

成都老官山汉墓中发现了920支医学竹简，根据摆放位置和内容可分为9部医书，其中有些内容可能是扁鹊学派经典书籍失传的部分，是医学发展史上的重大发现，补充了史料的不足。

人体经穴髹（xiū）漆人像是迄今为止我国发现的最早、最完整的经穴人体医学模型，相对于1993年绵阳出土的经络漆人，这次发现的穴髹漆人像更完整、更精致。人体比例刻画准确，经脉线条和穴点清晰，还用相应的文字对人体的“心”“肺”“肾”进行了标注。这个经穴髹漆人随一批医学典籍同时出土，说明墓主人生前是从事医学教学或者行医工作的，同时说明中医针灸在汉朝已经具备了完整的理论体系，对于研究中医针灸的起源有着重要的意义。

宋·李唐 / 《灸艾图》

孙思邈

唐代医药学家、道士，被称为“药王”

收集了5000多个药方，著成《千金要方》

659年，完成了世界上第一部国家药典《唐新本草》

是第一个提出对妇女和儿童单独设科

第一个提出防重于治

第一个完整全面阐述“医德”的人

李时珍

明朝著名的医药学家，广泛收集标本和处方，查阅大量医药经典

收集药物1518种，药方11096种

1590年，完成了192万字的中医学巨著《本草纲目》

被誉为“东方医药巨典”

是目前为止最完整、最科学的一部医学著作

古老的中医药学
以独特的诊疗方法、系统的理论体系、显著的疗法
历经千年不衰
为中华民族的繁荣昌盛作出了巨大贡献
成为中华民族绚烂文化的重要组成部分

中医药学是人类医学宝库的共有财富
2018年10月1日
世界卫生组织首次将中医纳入具有全球影响力的医学纲要

中医 · 悬壶济世

会投影的镜子

名　　称：透光铜镜

用　　途：梳妆照面

出土地点：陕西省渭南市临渭区崇凝镇丑村

馆藏地点：陕西历史博物馆

当平行光照射镜面时
镜面的反射投影就会出现与镜背面文字和纹饰相同的图案
这就是“透光镜”

晨　晨　老师，这个是做什么的？

讲　师　这是古代的铜镜，即古人梳妆照容时所用的镜子。由镜面、镜背组成，正面非常光滑，背面有各种精美的纹饰。

晨　晨　为什么铜镜只展示背面呢？

讲　师　正面是光面的，已经氧化看不清楚，铜镜背面精美的花纹是我们观看的重点。

晨　晨　这个镜子和其他镜子有什么不同呢？

讲　师　这是个透光镜。

晨　晨　这个镜子还能透光，好神奇呀！

讲　师　当光照射镜面时，镜子背面的纹饰会被投射出来，这是古代铸镜制作工艺的一大亮点。很可惜透光镜的技术在宋代已失传。

晨　晨　这种镜子是怎么做的呢？

讲　师　透光镜的原理在于铜镜有铭文和图案的地方比较厚，无铭文的地方比较薄。由于厚薄不均，造成“曲率”大小不一，当光线照射到镜面时，就能看到镜子背面的花纹。

透光镜原理示意图

当光线照在镜面上时，铜镜背面的花纹会映射在镜面对面的物体上，这种工艺反映了汉朝冶金铸造工艺已经达到了很高的水平。

原理示意图

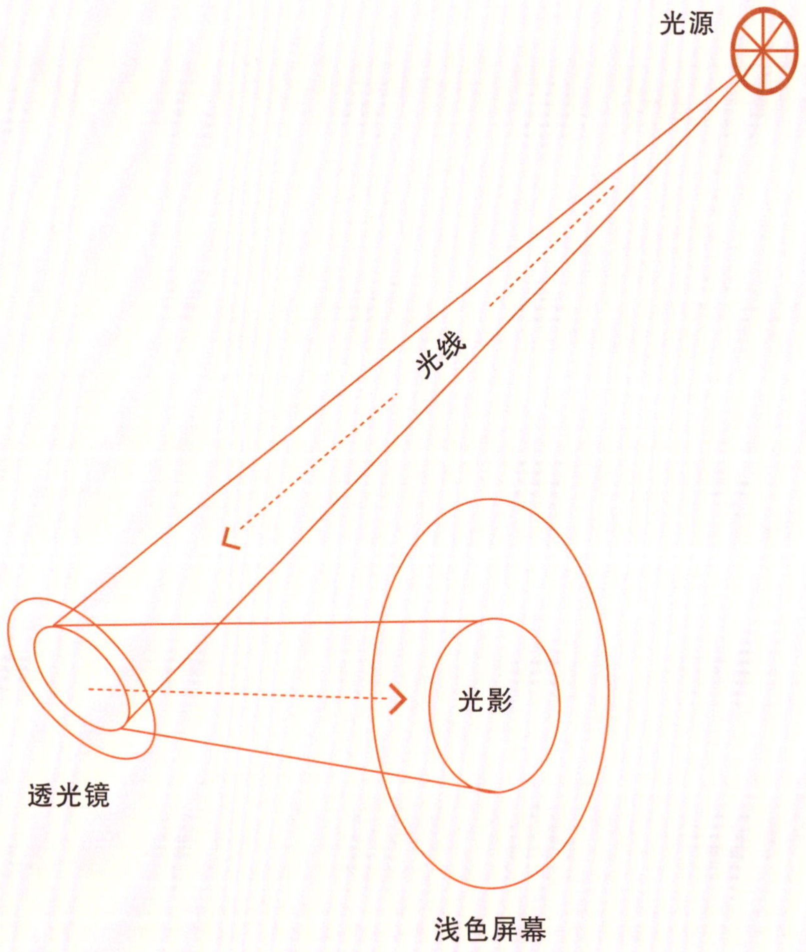

老年“优待证”

名　　称：鸠（jiū）杖首

用　　途：权杖顶部构件

出土地点：征集

馆藏地点：河南博物院

鸠杖，又称“王杖”
汉朝以孝治天下，故会给年高德劭之人颁授鸠杖
以示尊重，可享特权
持有鸠杖的老人可以自由出入衙门

晨　晨　鸠杖首，你是做什么的啊？

鸠杖首　我是老年人手杖的顶端部分。汉代的时候，杖首做成了“鸠鸟”的样子，所以叫作“鸠杖首”。

晨　晨　为什么要做成鸠鸟的造型呢？

鸠杖首　古人认为鸠鸟吃食不会噎（yē）着，以鸠杖寓意老人饮食顺畅，健康长寿。此外，“鸠”与“九”同音，两字通用。九是个位最高的数，象征极高、极多、极长、极大之意。

晨　晨　哦，明白了。多大年龄的人可以拥有鸠杖？

鸠杖首　据《后汉书·礼仪志》记载：凡年满七十者，授之王杖。赐杖是一种礼节与褒奖，可享特权。

晨　晨　那对老人不敬、违反规定的，怎么处理呢？

鸠杖首　欺负老人将受到严厉惩罚，且将其弃市，就是将欺负老人的人在大庭广众之下处死。

晨　晨　真是严厉呀！国家对持有鸠仗的老人还有其他优待政策吗？

鸠杖首　还会发一些物资和津贴。

奏疏

皇帝陛下：

臣广，长安敬上里的70多岁公乘，承蒙皇恩赐予王杖，从未触犯过耐司寇（剃去鬓发、服两年徒刑）以上的刑律，如今却因没有按时完成乡吏交办的事情，在和乡吏沟通时遭受辱骂和殴打，备感委屈。恳请朝廷收回所赐王杖，将我贬为宫奴伺候皇帝。

臣：长安敬上里广

史料知库

汉代《王杖诏令册》规定：“高年赐王杖，上有鸠，使百姓望之，比于节。七十以上杖王杖，比六百石，入官府不趋。”

西汉 / 鸠杖首 / 汉阳陵博物馆藏

甘肃武威出土的西汉《王杖诏令》简记载：汉成帝时期规定年70岁以上者领受鸠杖，以示尊崇，按一定标准发给物资，无须礼敬官员，敢殴辱者以大逆不道之罪论处。

汝南郡男子王安世，坐桀黠（xiá）、击鸠杖主,折伤其杖，弃市。

南郡亭长司马护，坐擅召鸠杖主，击留，弃市。

长安东乡夫田宣，坐殴鸠杖主，男子金里告之，弃市。

陇西男子张汤，坐桀黠、殴击王杖主，折伤其杖，弃市。

亭长二人、乡啬二人、白衣民三人，皆坐殴辱王杖功，弃市。

《仿唐人蕉阴赏古图》局部\明·陈洪绶

铜壶滴漏 计时器具

名　　称：铜漏壶

用　　途：计时

出土地点：2009年西安市长安区凤栖原张世安家族墓地

馆藏地点：陕西考古博物馆

“漏刻”是古代的一种计时工具

分泄水型和受水型两种

漏箭随着漏水壶里水位的下降而下降，从而指示时间

文物解密

漏刻和日晷是古人发明的计时工具

漏刻一般由漏壶和浮箭组成

“漏”指的是带孔的壶，“刻”指的是有刻度的浮箭

早期的漏刻多为泄水型，当水从漏壶孔流出时

漏壶中的浮箭也会随水面下降，浮箭上的刻度就是时间

受水型漏刻中的浮箭会随着水面上升指示时间

在计时的过程中人们发现

漏壶的水多时流水较快，水少时流水缓慢

影响了计时的精准度

于是人们在漏壶上又加了一只漏壶

水从下面漏壶流出时，上面的漏壶可以给下面的漏壶补水

确保下面的漏壶能匀速流出，使计时更精准

唐吕才定四柜式漏刻

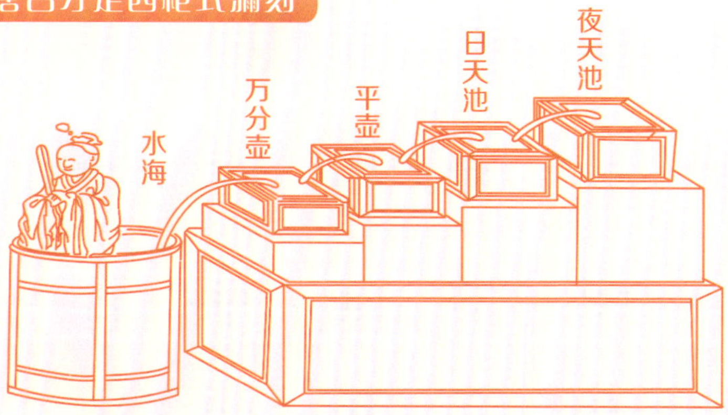

君幸食 君幸酒

名　　称：“君幸酒”漆耳杯

用　　途：酒器

出土地点：1972年湖南省长沙马王堆汉墓

馆藏地点：湖南省博物馆

漆器是中国古代劳动人民的一项重要发明
一般是髹（xiū）黑饰朱或者髹朱饰黑
在器物的表面绘制出精美的纹饰与图案

文物解密

中国用漆历史悠久
1978年，在距今7000年的浙江河姆渡新石器时代遗址中
发现了一只髹漆的木碗
这是目前世界范围内已知年代最早的漆器

历经千年发展
西汉时期，中国的漆器工艺进入最灿烂的时代
漆器轻巧华丽，深受贵族们的喜爱
为了满足享受的需要，漆器的制作投入了很大的人力和财力
漆器得到了飞速发展，种类齐全、工艺精湛、装饰华丽

漆器主要以杯、盘、鼎、壶等多种食器为主
除此之外
还有化妆器具和丧葬用的漆棺等

长沙马王堆汉墓出土了大量成套的餐具
有耳杯、漆盘、漆碗等
这些餐具上都有“君幸酒”“君幸食”的文字
其中“君幸酒”的耳杯比例最大

“君幸酒”漆耳杯为木胎，杯内髹红漆，杯外髹黑漆
杯内及两耳以几何纹进行装饰
耳部背面有“一升”和“四升”字样
成为研究当时酒文化真实的实物资料

沟通天地 美好祈愿

名　　称：摇钱树

用　　途：随葬

出土地点：1990年四川省德阳市三水镇

馆藏地点：四川三星堆博物馆

摇钱树
是古人追求来世幸福、飞升天国理想的体现
表现了人们对永生与财富的渴望

文物解密

上古传说中，天地之间的中央生长有“建木”
此树可以沟通天地人神
建木西边生长着“若木”
是日神栖息的地方，也可以沟通天地人神
传说若木生长在巴蜀地区一带
巴蜀的人们对树有一种独特的情结，喜欢用摇钱树陪葬

最初，摇钱树是一种与丧葬祭祀活动相关的器物
与钱财没有太大的关系
树上有西王母、灵芝、蟾蜍、熊、玉兔等元素
表现了古人追求来世幸福的理想

后来，人们认为将铜钱挂在树上，树随风晃动
铜钱就会不断落下
是人们对财富的一种渴望

局部效果图

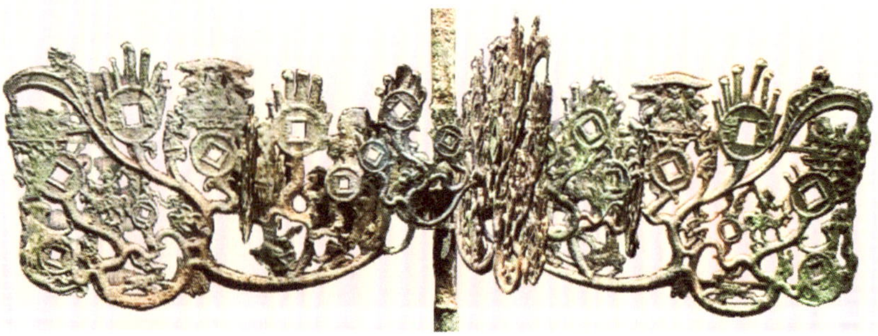

大汉·金器

西汉是历史上一个“多金王朝”
海昏侯刘贺墓中出土的黄金有115千克
有385枚金饼、48枚马蹄金、25枚麟趾金、20块金板
为目前考古中数量最多、种类最全的发现
为了解西汉历史提供了真实的资料

仔细看，竟然有17只小鸟

名　　称：金怪兽

用　　途：饰品

出土地点：1957年陕西省榆林市神木市

馆藏地点：陕西历史博物馆

金怪兽
是形似羊、鹰嘴、鹿角的艺术精品
整个身上，竟然有17只小鸟

讲 师 小朋友，你看这个像什么？

晨 晨 身子像羊，但是它的嘴又不像，还有两个大犄角。老师，这个到底是什么动物呀？

讲 师 这件文物叫“金怪兽”，一只羊四蹄立于花瓣形托座上，鹰的嘴、鹿的角，且两个犄角上有小鸟，尾巴也像一只小鸟。现实生活中没有这种动物，它是好多动物的集合体。

晨 晨 这么多动物组成的啊，太厉害了。

讲 师 你来数一数，一共有多少只小鸟。

晨 晨 1、2、3、4…… 有9只。

讲 师 每个犄角各有8只小鸟，蝎子形状的尾巴也像一只小鸟，一共17只。

晨 晨 这个是用来做什么的？

讲 师 你看这只羊踩的花瓣上有类似于衣服上扣子的小孔，它被发现的地方在陕北的神木，那里常常有匈奴人出没，因此这应该是匈奴人帽子上的装饰用品，不小心掉了。

晨 晨 啊，一个小小的饰品都做得这么精美，这个工匠太厉害了！

镇馆之宝　憨萌可爱

名　　称：金兽

用　　途：壶盖

出土地点：1982年江苏省淮安市盱眙（xū yí）县

馆藏地点：南京博物院

金兽重9100克
是目前国内发现最重的金器
为南京博物院18件“镇院之宝”之一

晨　晨　老师，这个萌萌的动物是什么呀？

讲　师　这是一个既像老虎又像豹子的动物，头大尾巴长，身短而粗壮，头放在两个前爪上，脖子上还有三个项圈，身上有一个半圆形的纽。

晨　晨　盖子为什么做成这种样子呢？

讲　师　因为虎豹在古代被视为神兽，将金兽铸成豹形，有庇佑的象征。

晨　晨　它是实心的还是空心的呢？

讲　师　是空心的。浇筑成型，内部中空，内壁有“黄六”二字，“黄”指的是黄金，“六”为序号。

晨　晨　噢，我明白了。当时发现的时候就它一个吗？

讲　师　连同金兽出土的还有11块金板、25块金饼。出土时，金兽盖在一个装有金币的铜壶之上，取下金兽时，有几块马蹄金还嵌在金兽底部。

晨　晨　金兽身上的小坑是怎么形成的？

讲　师　这是当时的一种制作工艺，铸成型之后，再捶击出这种造型，是铸造工艺与金器捶击工艺完美结合的艺术精品。

五升黄豆换一斤黄金

名　　称：金饼

用　　途：赏赐、馈赠

出土地点：1999年陕西省西安市未央区

馆藏地点：陕西历史博物馆

西汉是中国历史上一个“多金”的朝代
金饼只作为赏赐、馈赠、进贡之用

文物解密

1999年11月2日
西安市未央区谭家乡新华砖厂用推土机取土时
在两个竖井之中先后两次发现了219枚金饼

这些金饼为什么会藏在这里呢
可能是在战乱时，有人抢到了这些金饼
随身携带很不安全
于是埋起来，待日后安全时再拿走

这些金饼直径约6.3厘米，平均厚度1.19厘米
每个约250克，与史料记载基本一致
有学者认为
这些金饼应该是在王莽被杀以后埋藏起来的

王莽的新朝建立之后
继承了汉昭帝、汉宣帝、汉元帝、汉成帝、汉哀帝、汉平帝
六代帝王的积蓄
实行黄金国有政策
下令“列侯以下不得挟黄金”

王莽被杀时
国库中的黄金高达35万千克
国库中的黄金曾大量散失民间
长安周围出现了“黄金一斤，易（交换）豆五升”的现象

皇帝赏赐功臣黄金例证

皇帝	有功大臣	黄金
汉文帝	周勃	黄金五千斤
汉文帝	灌婴	黄金千斤
汉武帝	卫青	黄金千斤
汉武帝	有功将士	黄金二十余万斤
汉宣帝	霍光	黄金七千斤
汉宣帝	韦贤	黄金百斤
汉元帝	于定国	黄金六十斤

史料知库

什么是马蹄金、麟趾金？

公元前95年，汉武帝以“西登陇首，获白麟以馈宗庙，渥洼水出天马，泰山见黄金，宜改故名。今更黄金为麟趾马蹄以协瑞焉”。随下令制马蹄状金饼和麟趾状金饼以示祥瑞，即马蹄金和麟趾金。

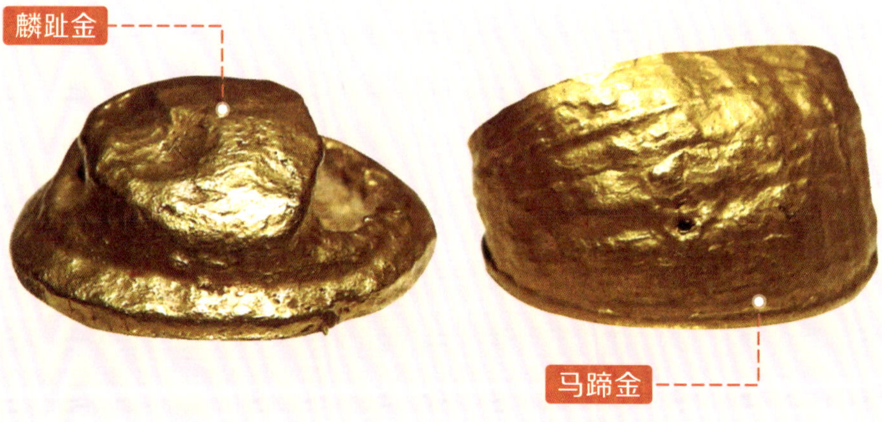

中国古代第一老丈人

名　　称：独孤信多面体煤精组印

用　　途：印章

出土地点：1981年陕西省安康市旬阳县

馆藏地点：陕西历史博物馆

因2019年高考一时走红
全国数学Ⅱ卷第16题中问这有几个面，棱长是多少

文物解密

这是陕西省旬阳县旬阳中学学生宋清和他表哥华开峰在旬河边洗萝卜时发现的，当时，他以为捡到的是一块奇怪的石头，没想到竟然是稀世珍宝。这是西魏时期独孤信使用的一枚印，此印由18个正方形印面和8个三角形印面组成，共有26个面，其中14个正方形印面镌刻印文，分别为“臣信上疏”“臣信上章”“臣信上表”“臣信启事”“大司马印”“大都督印”“刺史之印”“柱国之印”“独孤信白书”“信白笺”“信启事”“耶敕”“令”“密”等。皆为楷书阴刻入印，是我国迄今为止印面最多、文字数最多的印章，也是研究北朝印玺制度的珍贵资料。此印印文都是楷书，它将楷书入印的历史提早了400多年。

独孤信有6个儿子7个女儿，其中大女儿嫁给了北周明帝宇文毓，七女儿嫁给了隋开国皇帝杨坚，四女儿嫁给了唐代开国皇帝李渊的父亲李昞（bǐng），3个女婿给老丈人封了好多官。为了盖印方便，就做了一个有26个面的印，需要哪个印面转过来使用即可。他连续作为3个朝代的国丈或太上国丈，被称为“中国古代第一老丈人”。

在2019年全国高考数学Ⅱ卷第16题中提到此印，让考生算出该多面体共有几个面及棱长是多少。

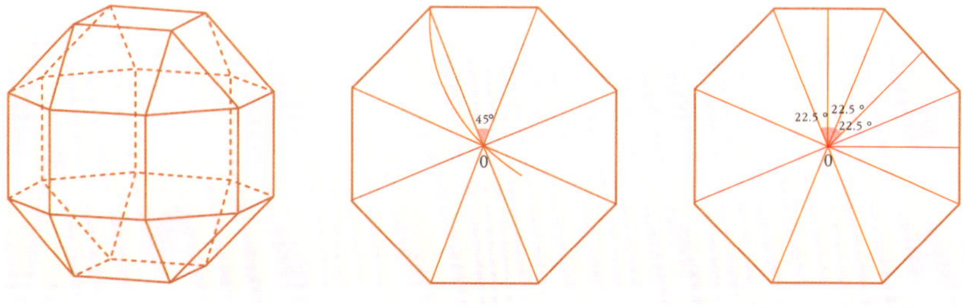

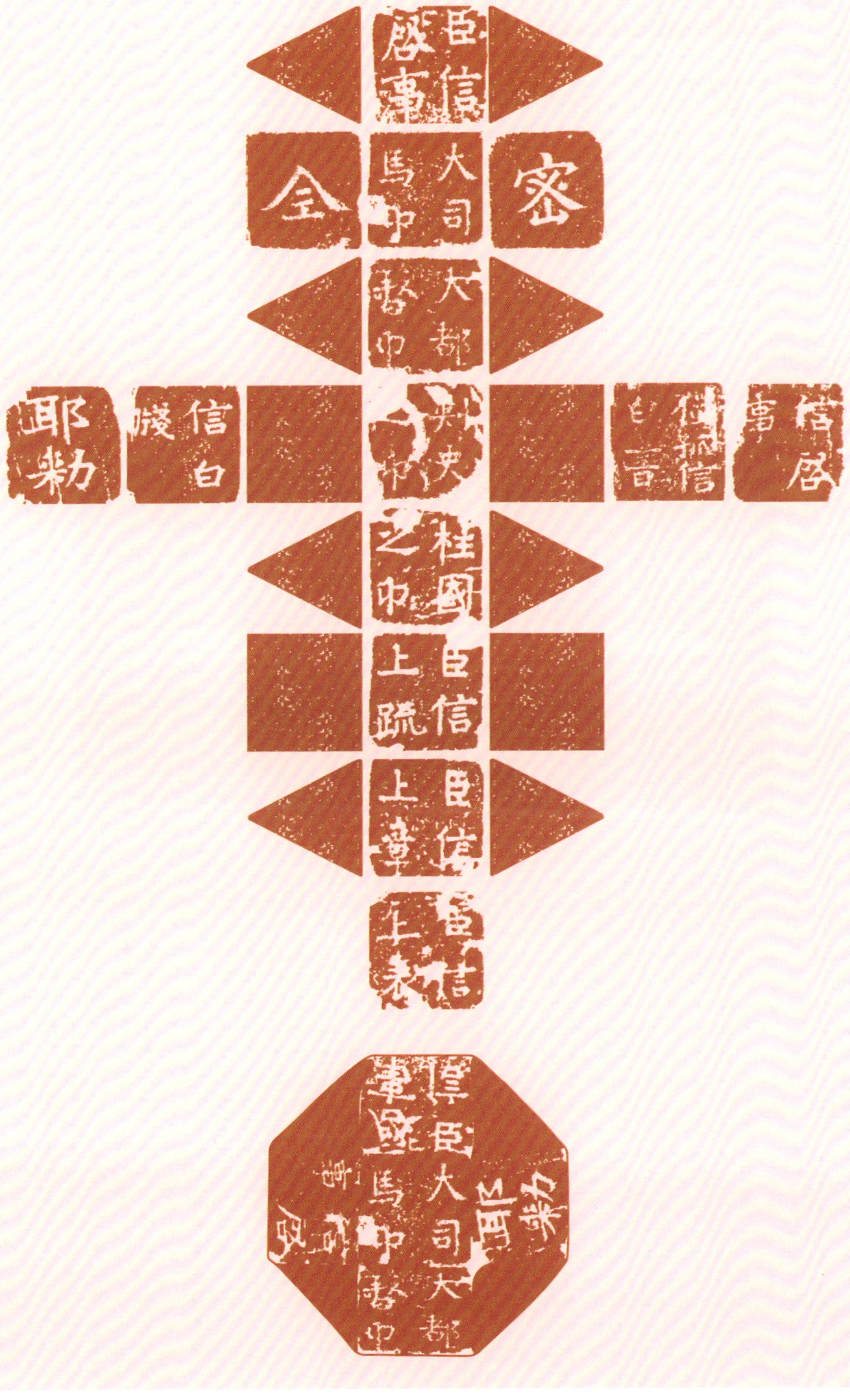

四海为家的粟特人

名　　称：安伽（jiā）石榻（tà）

用　　途：葬具

出土地点：2000年陕西省西安市未央区

馆藏地点：陕西历史博物馆

安伽被北周政府任命为“萨保”（官职名称）
是负责管理来华贸易、定居人员的粟特人
安伽墓是我国发现的早期粟特人墓葬的典型代表之一

文物解密

粟特人原本生活在中亚阿姆河和锡尔河之间的泽拉夫珊河流域，也就是今天的乌兹别克斯坦及吉尔吉斯斯坦、塔吉克斯坦部分地区。当时，这个地区的绿洲上分布着许多大大小小的城邦国家，其中最大的就是以撒马尔干为中心的康国，除此之外还有石国、安国、史国、曹国、米国等。粟特人善于经商，入华粟特人通常以他们的国名为姓，史称“昭武九姓”。

从3世纪开始，他们开始沿着丝路进行贸易活动，不仅给中原带来了丰富的商品，也带来了粟特人的音乐、舞蹈、宗教信仰等异域文化。

安伽就是通过丝路来到陕西关中的粟特人，最后被任命为同州（今陕西大荔）“萨保”，负责同州地区胡人管理。在长期的商业交易活动中，各种文化不断交流融合，粟特人逐步接受了汉人土葬的理念。

安伽墓石榻的石屏上刻画的就是粟特人当时的生活场景，这些石刻内容丰富、雕刻精美、色彩艳丽。门额上的石刻表现了粟特人信奉的祆教祭祀场景，石榻的三面围屏上共有12幅石刻浮雕，展现了粟特人宴请、出行、狩猎、舞蹈等生活情景。

石榻围屏中间的是一幅宴饮图，中间端坐的人应该是安伽夫妇。安伽头戴毡帽，身穿圆领窄袖长袍，夫人盘发，身穿圆领束胸长裙。

石榻边沿有33幅动物头像，这些动物应该与墓主人的祆教信仰有关。整个生活场景精雕之后进行彩绘贴金，显得栩栩如生、富丽堂皇。

萨保热情招待来访的突厥客人

这幅石雕表现的是粟特人首领萨保正在热情招待来访的突厥客人。粟特人身穿圆领或翻领窄袖的长袍，中间的一位正在表演粟特人的舞蹈，他们所用的食器和酒器与出土文物基本相吻合。

中国式庭园内宴饮

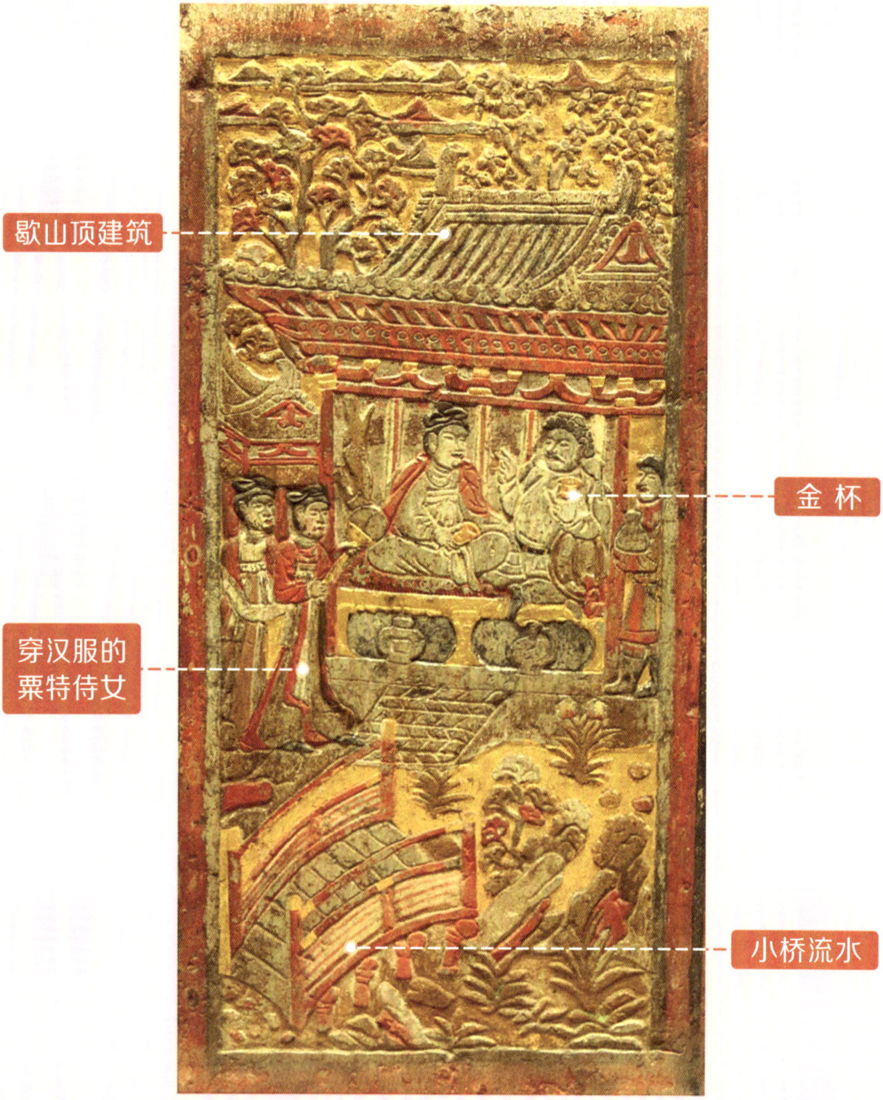

来到中原的粟特人很喜欢中国文化，许多粟特人的墓葬石雕中都有中式庭院的画面，主人常常坐在亭子里宴饮，欣赏歌舞。

萨保骑马猎狮图

这是一幅具有波斯文化特点的画面，近距离猎狮显然不是写实，而是来源于波斯国王猎狮图。这种画面常常出现在萨珊波斯的银盘上，山西出土的虞弘墓中出现了骑驼猎狮的画面。

后记

《在博物馆里富养孩子》系列丛书终于要在2023年春节前后与读者见面了。这套丛书包括《周礼天下》《秦皇帝国》《大汉雄风》《盛唐气度》四册。八年前筹划、调研之后，我们着手开始创作编写，历时四年零六个月。去博物馆是一个富养孩子的好路径，博物馆里多元的文化力量和丰富的历史内涵可以让孩子们在博物馆里得到精神上的富养。

西安，一座历史厚重的千年文化古都。每年有数百万游客慕名而来，参观名胜古迹、品尝美食、了解风土民情……然而，旅行时间紧，景点人多，参观体验不全面、不系统，收获甚微。

2014年，我们团队就开始筹划，怎么才能让大家，尤其是孩子们来西安有古迹看、有故事听、有美食吃、有文化读，让西安不只是曾经去过而已。

经过长时间的调研了解，2018年暑假结束后我们开始这套书的创作。因为文物是对历史“最真实、最直接、最客观”的反映，有“补充历史、证实历史、纠正历史”的功能，而且几乎没有受到其他因素的干扰和影响，能够真实、准确地再现历史，所以我们决定以周、秦、汉、唐时期的文物来讲述陕西这块土地上厚重灿烂的中华文明。

在编撰过程中，我们注重专业知识的丰富、扩展和深化，多次进行实地调研，力争搜集更多的第一手资料。秦朝的历史文化不仅有举世闻名的兵马俑，还有湖北云梦和湖南里耶出土的秦简，这三处大发现给世人全面地再现了那段波澜壮阔的大秦史实。当我们得知湖南里耶秦简的发掘者张春龙老师将在长沙博物馆有一场关于秦简的专题报告时，当即赶赴长沙，聆听讲座。当时，长沙博物馆正在举办“从里耶到长沙”主题展，讲座和展览使我们收获颇丰。参观完湖南博物院和长沙简牍博物馆的第二天，我们直接赶往秦简发现地——湖南湘西里耶。在此感谢里耶秦简博物馆馆长周东征先生及高级讲解向玉梅女士的热情接待和详细介绍。为了系统全面地讲述周、秦、汉、唐四个时期的历史，我们先后多次到中国国家博物馆、首都博物馆、河北博物院、中国文字博物馆、河南博物院、洛阳博物馆、湖北省博物馆、云梦祥山博物馆等19家博物馆，以及陕西省内的12家博物馆与相关遗址实地考察。

经过多次修改、完善，此书最终以“文物解密”“名人访谈”“与文物对话”“旅行日记”“超级点评”“精彩互动”等图文并茂的趣味方式解读文物、讲述历史。愿这套带着淡淡书香的历史经典读本为孩子开蒙启智，带领孩子知史看今、远眺未来。

在此，我们衷心感谢陕西师范大学历史文化学院教授、博士生导师，央视“百家讲坛”主讲人王双怀教授为本书精心作序，特别感谢天地辛房为本书提供了唐砚、绞胎粉盒等他的旧藏照片和专业性的建议。在南长森、蔡凌燕、张洁、赵云雁、于建群、李乾鑫、高娟、杨晓博、姚勇、谭亮、高鹏程、吴伟刚、梁思雨、王竹宝、亮亮、辛一惠等人的支持帮助下，完成了这四册书的创作，在此也表示衷心的感谢！

这套书涵盖博物馆多、时间跨度大、涉及文物面广，在创作过程中难免有所疏漏，敬请各位专家和广大读者不吝指正。

张君升 蒙刚

2022年11月于古城西安